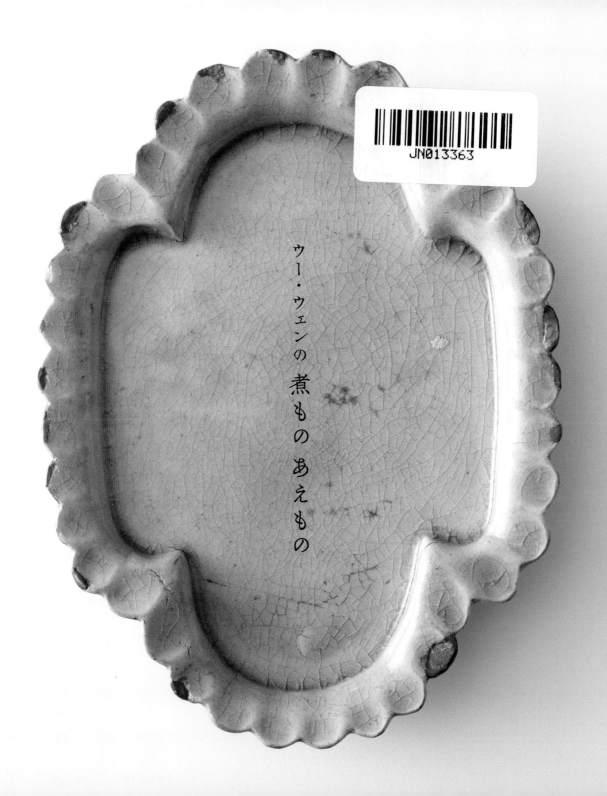

ウー・ウェンの 煮もの あえもの

はじめに

「煮もの」「あえもの」は家庭料理のなかで、とくに出番の多い調理方法です。

「煮もの」はじっくり加熱して素材をおいしくする料理で、「あえもの」は素材の水分をコントロールして、みずみずしくいただける方法。これに前作『炒めもの』を合わせると、もう家庭料理でこわいものなし! じゃないでしょうか。

私自身、忙しい毎日のなかで作るものといったら、煮ものとあえものがほとんどです。なにしろ煮ものは仕込んでさえしまえば、手も時間も空きます。火が素材をおいしくしてくれているこの間に、あえものをささっと作る。合理的で、しかもおいしいものが食べられるのですから、最高の組み合わせです。

それに、煮ものはだいたいの場合、メインが肉や大豆類などたんぱく質のおかず。あえものは野菜が主役です。この2品の組み合わせにごはんを添えたら、栄養バランスがばっちりとれる献立になるところもお気に入りの理由です。

思えば、子どもたちが食べざかりの頃、家族の食卓を支えてくれたのも煮ものとあえものでした。とくに男の子は運動をしていたこともあって、食べる量がすごかった。当時よく作ったのは豚の角煮です。これと大盛りのごはんがあれば大満足。あとは茶玉子も冷蔵庫に欠かしませんでした。おやつ代わりに食べていたのでしょう、気づくとすっからかん。好き嫌いなくたっぷりの野菜も食べてくれていたので、

親としては安心でしたが。

　こんな極端（！）な例はさておき、だれもが忙しい時代だからこそ、どんなものを食べるのかがとても重要です。ていねいな食事は理想ですが、だいじょうぶ、がんばらなくてもいいんです。

　あえものは、まず最初に紹介するシンプルあえを作ってみましょう。野菜ひとつ、塩、こしょう、油だけで、野菜がこんなにおいしくなるのかと驚かれるかと思います。

　「時間が20分しかないなら、野菜料理を作りましょう」とクッキングサロンの生徒さんたちによく言うのですが、体の調子を整えてくれるのは野菜。塩をしたり、加熱したりして野菜を食べやすくしたあえもので、たっぷりビタミンやミネラルを補給してください。

　たんぱく質をヘルシーに食べられる煮ものは、王道の豚の角煮から始めてもいいですし、表紙のカバーをめくると、本体に煮もの時間をまとめた「煮ものタイマー」を掲載していますので、そちらを参考に選んでいただいてもよさそうです。

　「煮ているあいだに、あえましょう」。

　この本でいちばん伝えたいメッセージです。時間を大切に、栄養バランスのいい食事を作ってください。煮もの、あえものをマスターしたら、もう献立に迷うことはないはずです。

ウー・ウェン

◎レシピの表記について：1カップは200ml、大さじ1は15ml、小さじ1は5mlです。

煮ものとあえもので
毎日の献立ができあがります

豚肩ロースの角煮
p.78

にんじんの花椒油あえ
p.14

夕食に

栄養バランスを考えれば考えるほど、
毎日の献立を考えるのがおっくうになりますよね。
でも、煮ものとあえもののレパートリーをもっておけば、
もうだいじょうぶ。なんといっても煮ものは手間いらず。
材料をセットして火にかけるだけですから、
煮ものがおいしくなっているあいだに、
あえものを作ればいいのです。

大きな肉団子
p.98

たたききゅうりのミントあえ
p.31

昼食に

せん切りキャベツと
厚揚げのさっと煮
p.119

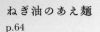

ねぎ油のあえ麺
p.64

軽く食べたいときも、煮ものとあえものが活躍します。
短い時間でさっと煮るだけの煮ものに、
香ばしいねぎ油であえた麺。
玉ねぎのうまみたっぷりのカレーライスに
サラダのようなトマトのシンプルあえ。
とりわけ意識せずとも、炭水化物、
たんぱく質、脂質のバランスが整うのが、
煮ものとあえものの食卓なのです。

トマトのシンプルあえ
p.14

豚肉のカレー
p.87

あえもの

野菜をとりたいときこそ、あえものの出番です。
ほんのちょっとの下ごしらえで、
野菜を食べやすくするあえもの。
素材ひとつでも立派なひと品になりますし、
いくつか組み合わせて、前菜にもおかずにも。
家族の健康を支えてくれる、頼もしい料理です。
あえもの作りの基本的な考え方を知って、
気軽に毎日の食卓に取り入れてください。

あえものはこんなふうに考えて作ります

素材そのもののおいしさをストレートに味わえるのがあえものです。

とくに野菜が主役のあえものはとてもみずみずしく、飽きることのない味。

体調を整え、健康を守ってくれるのは野菜ですから、時間のないときこそ野菜を食べてほしい。

その調理法として、あえものの基本的な考え方を頭に入れておきましょう。

基本的な考え方

下ごしらえした素材に塩味、風味、油を足すだけでできあがるのが基本のシンプルあえ。
組み合わせ次第でまったく違う味になるので、いろいろと試してみましょう。

① 素材	+	② 塩味	+	③ 風味	+	④ 油
小松菜　トマト ほうれん草　きゅうり 菜の花　れんこん にんじん　…など		塩　みそ 腐乳　豆板醤 豆豉　搾菜 しょうゆ　…など		こしょう　クミン マスタード　香味野菜 辛子　わさび 花椒　…など		太白ごま油　オリーブ油 太香ごま油　なたね油 こめ油　…など

● たとえばブロッコリーのシンプルあえ（2〜3人前）なら

ブロッコリー 1個	+	塩 小さじ1/3	+	黒こしょう 少々	+	ごま油 大さじ1/2

◎作り方

1　ブロッコリーはひと口大に切り分け、1分程度ゆでて水にさらし、水気をしっかりときる。

2　1のブロッコリーをボウルに入れ、塩を加えてよくあえ、粗挽き黒こしょう、ごま油で香りをつける。

素材の下ごしらえ

あえもので大事なのは、味をなじませるための素材の下ごしらえです。
生で食べられないもの、火を通したほうがおいしいものは湯通しをしたり、
ゆでたり。水分が多いものは塩で水分コントロールをします。

● ゆでる

熱を通して素材を食べやすくする方法です。葉もの類をさっとゆでたり、れんこんなど根菜を3%の割合（水1リットルに大さじ2）で酢を加えた酢湯で7〜8分ゆでたり。肉の場合は、アクが出るまでしっかりゆでて臭みをとります。素材自体がおいしく食べられる状態にします。

● 塩で水気を出す

かぶやきゅうりなど水気の多い野菜は塩をふって少しおき、余分な水分を除きます。塩の下味もつくので塩分量は注意して。このとき、あまり力まかせにぎゅうぎゅうしぼると、うまみも抜けてしまいます。軽くしぼる、水気をきるくらいの感覚で行ってください。

● 湯通しをする

にんじんなど、生では食べにくいけれど歯ごたえを残したい場合には湯通しを。ざるとボウルを重ねてたっぷりの熱湯を注ぎ、少しのあいだ湯に素材を踊らせたらボウルを外し、水気をきります。にんじんはこうすることで独特の歯ごたえになり、おいしさがぐっと増します。

絡みやすい素材にしっかり味つけをする

素材が2つ3つの場合、
すべての素材に均一に味を絡ませるのではなく、
絡みやすい素材をメインにしっかり味つけをします。

たとえば、「牛しゃぶ肉とクレソンの麻辣あえ」（38ページ）の場合、まずは牛肉だけにきっちりと味を絡ませたうえで、最後にクレソンとさっとあえます。
最初から肉とクレソンをいっしょにたれであえると、クレソンがべちゃべちゃになっておいしさを損ね、味も平坦になってしまいます。食べたときの味のメリハリもおいしさのひとつです。

自由自在に展開できる、野菜のシンプルあえ

トマトの
シンプルあえ

◎ 材料（2〜3人分）
トマト ·················· 2個
粗塩 ············· 小さじ1/3
粗挽き黒こしょう ······ 少々
ごま油 ············ 大さじ1/2

◎ 作り方
1 トマトのへたを除いて、横1cm幅でスライスする。一番上と下のスライスは乱切りにする。
2 1のトマトをボウルに入れ、塩を加えてよくあえ、黒こしょう、ごま油で香りをつける。

にんじんの
花椒油あえ
ホワジャオ

◎ 材料（2〜3人分）
にんじん ········· 1本（180g）
炒り松の実 ············· 15g
粗塩 ············· 小さじ1/3
花椒 ·················· 10粒
太白ごま油
··················· 大さじ1と1/2

◎ 作り方
1 にんじんの皮を除き、スライサーでせん切りにする。ざるに入れ、熱湯をかけて引きあげ、10分おく。塩を加え、よく混ぜる。
2 炒め鍋に太白ごま油を入れて熱し、花椒を入れて香りがじゅうぶんに出たら1のにんじんにかけてあえる。いただく直前に松の実を加えてあえる。

ほうれん草の
辛子あえ

◎ 材料（2〜3人分）
ほうれん草 ·············· 1束
たれ（混ぜ合わせる）
　練り辛子 ········· 大さじ1/2
　しょうゆ ········· 大さじ2/3
　ごま油 ············ 大さじ1

◎ 作り方
1 ほうれん草はゆでて水にさらし、水気をきり、3cm長さに切って軽くしぼる。
2 たれで1のほうれん草をあえる。

ブロッコリーの
豆豉あえ
ドウチ

◎ 材料（2〜3人分）
ブロッコリー ············ 1個
豆豉 ·················· 15g
長ねぎ（みじん切り）·· 10cm分
しょうゆ ············ 大さじ1
酒 ················· 大さじ2
はちみつ ············ 小さじ1
太白ごま油 ······ 大さじ1と1/2

◎ 作り方
1 ブロッコリーはひと口大に切り分け、さっとゆでて水にさらし水気をしっかりときり、ボウルに入れる。
2 炒め鍋に太白ごま油を熱し、豆豉、長ねぎを入れて香りが出たら、しょうゆ、酒、はちみつを加え、煮立ったら火を止め、1のブロッコリーにかけてあえる。

素材に塩味と風味と油を足しただけのシンプルあえ。
ここに紹介するのは8種類のあえものですが、組み合わせ次第でたくさんのレシピが誕生します。
お気に入りの素材、調味料でいろいろ試してみてください。

かぶの わさびあえ

◎ 材料（2〜3人分）

かぶ ……………………… 3個
たれ（混ぜ合わせる）
　わさび ………… 小さじ1
　粗塩 …………… 小さじ1/3
　ごま油 ………… 大さじ1/2

◎ 作り方

1 かぶは皮を除き、2個はうす切りに、1個は8等分のくし形に切る。

2 1のかぶをボウルに入れ、粗塩ふたつまみ（分量外）を入れて15分おき、水気を軽くしぼる。たれであえる。

オクラの しょうゆあえ

◎ 材料（2〜3人分）

オクラ ………… 10〜12本
たれ（混ぜ合わせる）
　しょうゆ ……… 大さじ1/2
　黒酢 …………… 小さじ1
　ごま油 ………… 大さじ1/2
　粗挽き黒こしょう … 少々

◎ 作り方

1 オクラのへたを除き、さっとゆでて水気をきり、縦半分に切る。

2 1をボウルに入れ、たれであえる。

セロリの 搾菜（ザーサイ）あえ

◎ 材料（2〜3人分）

セロリ ………… 2本（150g）
搾菜（せん切り）………… 30g
粗挽き黒こしょう …… 少々
ごま油 ………………… 大さじ1

◎ 作り方

1 セロリは斜めうす切りにし、葉はせん切りにする。

2 1のセロリをボウルに入れ、搾菜とあえて15分程度おき、しんなりさせる。黒こしょう、ごま油で香りをつける。

れんこんの 酢みそあえ

◎ 材料（2〜3人分）

れんこん ……………… 200g
たれ（混ぜ合わせる）
　黒酢 …………… 大さじ1/2
　みそ …………… 大さじ1/2
　ごま油 ………… 大さじ1/2
　辛子 …………… 小さじ1/2
　はちみつ ……… 大さじ1/4

◎ 作り方

1 れんこんは皮を除き穴に合わせて棒状に切り、3%の酢湯で7〜8分ゆでて水気をきる。

2 1のれんこんをボウルに入れ、たれであえて10〜20分おく。

調味料の特徴を知って

| 塩味 | あえもの全体の味のベースとなる塩味。豆豉や漬物など、風味を兼ねるものも多いので、これひとつで味が決まることも。 |

塩

ミネラルを多く含む自然塩がおすすめ。土地ごとに風味やコクが違うので、旅行のときなどいろいろ買って試してみても楽しい。

しょうゆ

あえものに使うのは薄口しょうゆ。さわやかな風味や香りを持ち合わせるため、黒酢やごま油とも相性がよい万能選手です。

豆豉

黒大豆を麹で発酵させ、塩漬けにして乾燥させたもの。うまみとコクが深く、みそとしょうゆを合わせたような味がくせになります。

みそ

米みそを使うことが多く、あえものにするときは酢と合わせると相性がいい。みその味も千差万別。好みのものを見つけましょう。

豆板醤

四川省発祥の発酵調味料。そら豆に麹、唐辛子を加えて発酵させた唐辛子みそ。その辛味やうまみ、色が料理のアクセントとなります。

腐乳 （ふにゅう）

麹を豆腐につけ、塩水の中で発酵させたもの。独特の風味とチーズのようなコクが特徴で鍋ものやお粥に添えるのもおなじみの食べ方。

冬菜 （ドンツァイ）

白菜の芯に近いやわらかい葉をにんにくと一緒に塩漬けしたもの。風味もよく、あえもののほか、煮ものや蒸しものにもよく使います。

搾菜 （ザーサイ）

からし菜系植物の茎がこぶになったものの漬物で四川省の特産品。うまみが強いので、刻んで炒めものやスープなどの調味料としても。

あえものをさらにおいしく！

風味

香りもごちそう。塩味にプラスすることで、あえもののおいしさが際立ちます。

黒こしょう

粉タイプは粗挽きを使用。とくに香りを立たせたいときは、粒こしょうをペーパーに挟んで、麺棒などでたたきつぶして使います。

わさび

鼻にぬけるツンとした上品な香りが食欲をそそります。生わさびがあれば理想的ですが、チューブタイプでもじゅうぶんおいしい。

マスタード

からし菜の種子が残る酸味のある粒マスタードを使うと、食感にリズムが生まれます。しょうゆやごま油とも意外と相性がいい。

辛子

酢やみそ、はちみつなどと組み合わせると全体の味を引き締めてくれるのが辛子です。刺激が強いので、分量には気をつけて。

花椒

花椒の粒タイプはぜひ常備を。はなやかな香りと刺激を添えてくれます。レシピの花椒粉は、粒を乾煎りして粗くつぶしたものです。

クミン

こちらも中国料理に欠かせないスパイス。とくに肉料理と相性がよく、その独特な香りで味をさっぱりさせ、食べやすくしてくれます。

陳皮
<ruby>陳皮<rt>ちんび</rt></ruby>

温州みかんの皮を干したもの。さわやかな香りで、胃腸を整えたり、喉の炎症を抑えたりといろいろな働きを持つ漢方素材でもあります。

自家製もおすすめ

左から1年目、2年目、3年目の陳皮。無農薬のみかんが手に入ったら、ざるに入れて風干しするだけ。古い順に使います。

油は働きもの。上手に活用しましょう

油はうまみです。出汁そのもののような調味料ですから、必ずおいしいものを使ってください。
あえものでよく使うのは焙煎タイプのごま油。おなじみの風味豊かで香り高い油です。
そして、ごまを生搾りした太白ごま油も使い勝手のいい油です。くせがないので、
どんな料理にも合わせやすく、それでいてとびきりおいしいうまみを持っているのです。
まずは万能ねぎ油と自家製辣油をご紹介します。そしてもうひとつ、
油に香りを移して使うかけ油の方法も。あえものがもっと身近になりますよ。

いろいろな調理に
便利なのが
太白ごま油。

辣油には、
香り高い焙煎タイプの
ごま油を使います。

万能ねぎ油

おいしい太白ごま油のなかに、
長ねぎの香りとうまみをじっくり抽出したねぎ油。
ゆでた野菜とあえたり、卵を炒めるときに
使ったりするだけで、シンプルな料理の味を
ぐっと深めてくれます。瓶などに入れて
保存しておくと1週間程度おいしく使えます。

◎ 材料 (作りやすい分量)
長ねぎ (斜めうす切り) ……………… 1本分
太白ごま油 ……………… 2/3 〜 1カップ

◎ 作り方

1 炒め鍋に太白ごま油と長ねぎを
入れて弱火で熱する。

2 最初に箸で長ねぎをなるべく重
ならないように広げる。

3 しんなりしてくるので、箸で混
ぜて熱のあたりを均等にする。

4 以降はあまり箸で触らず、弱火
のまま、長ねぎの様子を見守る。

5 15分ほど経ち、長ねぎの端が茶
色くなってきたら火を止める。

6 余熱で長ねぎ全体が色づき、チ
リチリになったらできあがり。

自家製辣油

辣油も自分でかんたんに作れます。
韓国産の粗挽き唐辛子を使えば、辛いだけでなく
むしろうまみ調味料といった存在感に。
麺にあえるだけでおいしい担々麺ができますし、
水餃子や汁物に添えてもいいですね。

◎ **材料**（作りやすい分量）

一味唐辛子（韓国産）	大さじ3	炒りごま（白）	大さじ1
水	大さじ1	ごま油	大さじ3
花椒粉	小さじ1		

◎ 作り方

1 一味唐辛子に分量の水をしみこませておく。

2 少しおいて水を吸収したところでよく混ぜる。

3 炒め鍋にごま油を入れ、2の一味唐辛子を加えてよく混ぜ、弱火にかける。

4 全体がふつふつと沸き立ってくるまで待つ。

5 いったん炒め鍋を火から離し、濡れふきんの上において少しだけ冷ます。

6 再び弱火にかけ、花椒粉、炒りごまを加えて菜箸でよく混ぜ、全体に油がなじむまで炒める。

香りをまとったかけ油

スパイス類を熱して香りと風味をまとった油を、
下ごしらえした素材に
ジュッとかけていただくかけ油。
炒めものや湯通しとも違った食感と
はなやかな香りで食がすすみます。
かけ油に向くのは花椒、にんにく、クミン、
唐辛子、しょうがなど。
いろいろなスパイスを試してみてください。

花椒を粒のまま太白ごま油で熱して香りを移す。

あつあつの油を下ごしらえした素材にかけて。

アスパラガスとたけのこ、そら豆のあえもの

春を告げる野菜は、体のなかの余分なものをデトックスしてくれます。塩、こしょうでシンプルに
仕上げて、アスパラガスやそら豆の自然な風味をたっぷりいただきましょう。

◎ 材料（2〜3人分）

アスパラガス	4本
ゆでたけのこ	100g
そら豆（正味）	100g
粗塩	小さじ1/2
粗挽き黒こしょう	少々
ごま油	大さじ1/2

◎ 作り方

1 アスパラガスは固い皮を除き（a）、3等分に切る。そら豆は薄皮をむく（b）。たけのこは5mm厚さのくし形に切る。

2 1を蒸気の上がった蒸し器にのせて、2分蒸し、そのまま5分おく（c）。

3 粗熱がとれたら、ボウルに入れ、粗塩を加えてよくあえ、黒こしょう、ごま油で香りをつける。

a アスパラガスは下の方の固い皮を除いてから使う。ピーラーを使うと便利。

b そら豆の黒いすじに包丁の刃を軽く入れておくと、かんたんに薄皮を取り除ける。

c 一度にいろいろな素材を蒸すときは、厚みを揃えると同じ時間で蒸し上がる。

ほうれん草とエリンギの腐乳あえ

中国の家庭料理で活躍する調味料といえば、腐乳です。練りごま、黒酢と合わせた腐乳だれは、とくに青菜と相性がよく、まろやかなコクと風味で甘さを引き出してくれます。

◎ 材料（2〜3人分）

ほうれん草	1束
エリンギ	1〜2本（100g）

腐乳だれ（作りやすい分量／混ぜ合わせる）

腐乳	10g
腐乳の漬け汁	大さじ1
練りごま（白）	大さじ1/2
黒酢	小さじ1
花椒粉	小さじ1/3
太白ごま油	小さじ1

◎ 作り方

1 ほうれん草は根元に十字の切り込みを入れる。熱湯に茎から入れ（a）、固めにゆでて水にさらし、水気をきる。3cm長さに切り、さらに水気をしぼる。

2 エリンギは6mm程度の厚さに切ってから（b）、繊維に沿って細切りにする。

3 炒め鍋に太白ごま油と2のエリンギを入れ、じっくりと炒める。しんなりしはじめたら（c）、火から下ろしてボウルに入れ、1のほうれん草と合わせ、腐乳だれ大さじ2であえる。

a 固い茎のほうから入れるとゆであがりが揃う。

b まず、うす切りにしてから細切りにしていく。

c 少し水分が抜け、しんなりしたら次の手順へ。

カリフラワーの桜えびあえ

カリフラワーは素材自体がうまみを持つ野菜です。
ゆでるより蒸したほうがホクホクとした仕上がりになり、
おいしさも格別。九条ねぎと桜えびの風味でどうぞ。

◎ 材料（2〜3人分）

カリフラワー	1/2個（約200g）
九条ねぎ（わけぎ）	2本
干し桜えび	3g
しょうゆ	大さじ1
黒酢	小さじ1
太白ごま油	大さじ1と1/2

◎ 作り方

1 カリフラワーはひと口大に切り分ける。蒸気の上がった蒸し器に入れて3分蒸して10分おく。

2 炒め鍋に太白ごま油と桜えびを入れて火にかけ、香りが出たらうす切りにした九条ねぎを入れて油がなじむように炒め、しょうゆ、黒酢を加えて混ぜ、1のカリフラワーとあえる。

菜の花とスナップえんどうの あえもの

鮮やかな緑の饗宴です。ビタミンたっぷりで、
シャキシャキの歯ごたえも楽しいひと皿。
豆を見せて盛りつけると見た目もきれいです。

◎ 材料（2〜3人分）

菜の花	100g
スナップえんどう	50g
たれ（混ぜ合わせる）	
粒マスタード	大さじ1
粗塩	小さじ1/3
しょうゆ	小さじ1
ごま油	大さじ1

◎ 作り方

1 スナップえんどうのすじを除き、ゆでて水気をきる。

2 同じ湯で菜の花をゆでて、水にさらし、水気をきって1cm幅に切る。水分を軽くしぼる。

3 1のスナップえんどうと2の菜の花を合わせてボウルに入れ、たれであえる。

野菜

25

蒸しパプリカの花椒風味あえ

意外と食べ方にバリエーションがないと思われがちなパプリカ。
蒸して食べると、肉厚でジューシーなおいしさにびっくりしますよ。
花椒に代えてしょうがじょうゆであえるのもおすすめです。

◎ 材料（2〜3人分）

パプリカ（赤・黄）………… 各1個
たれ（混ぜ合わせる）
　粗塩 ………………… 小さじ1/2
　花椒粉 ……………… 小さじ1/3
　ごま油 ……………… 大さじ1/2

◎ 作り方

1　パプリカは4等分のくし形に切り、種を除く。蒸気の上がっ
　た蒸し器に入れ、強火で2分、弱火で3分蒸し、そのまま10
　分おく。

2　1のパプリカを皿に盛りつけ、たれをかける。

キャベツの辣油あえ

自家製辣油があれば、あっというまにできあがり。
ゆでてせん切りにしたキャベツに
辣油がよく絡んでお箸がすすみます。

◎ 材料（2～3人分）

キャベツ ……………………… 300g
粗塩 …………………………… 小さじ1/2
自家製辣油（作り方は19ページ）
……………………………………… 大さじ1/2

◎ 作り方

1 キャベツはさっとゆでてからせん切りにし、ボウルに入れる。

2 1のキャベツに粗塩を加えてよくあえたら、辣油を加えてざっとあえ、香りをつける。

紅芯大根のはちみつあえ

中国では大根を生で食べることはほとんどありませんが、この紅芯大根だけは別。
見てください、このみずみずしさ。はちみつ、陳皮と合わせてシャキシャキ風味を楽しみます。

◎ 材料（2〜3人分）

紅芯大根	1/2個（200g）
粗塩	小さじ1
陳皮（粉）	小さじ1/2
香菜（ざく切り）	1本分

たれ（混ぜ合わせる）

はちみつ	大さじ1
黒酢	大さじ2
粗挽き黒こしょう	少々
ごま油	大さじ1

◎ 作り方

1 紅芯大根（a）は皮を除き、せん切りにする（b,c）。粗塩をふって10分おき（d）、水気を軽くしぼる（e）。

2 1の紅芯大根をたれでよくあえる（f）。時間があれば30分ほどおくとさらにおいしくなる。

3 いただく前に陳皮、香菜とあえる。

a 冬になると出回る紅芯大根。みずみずしい断面。

b 皮を除き、ていねいにうす切りにしていく。

c 味がなじみやすいよう、細かいせん切りにする。

d 水分を出すため、塩をふって10分おく。

e そっと押す程度に軽くしぼる。

f しんなりしてからたれを加えるとよくなじむ。

きゅうりとレタスの翡翠あえ

レタスに軽く塩をふってカサを減らします。
しんなりしたレタスとたたききゅうりの
楽しい食感もごちそうのひとつ。

◎ 材料（2〜3人分）

きゅうり	2本
レタス	1/2個
粗塩	小さじ1
たれ（混ぜ合わせる）	
わさび	小さじ1
ごま油	大さじ1

◎ 作り方

1 きゅうりの皮を除いてたたきつぶし、長さを3等分に切る。

2 レタスはせん切りにしてボウルに入れて粗塩をふり、10分おいて軽く水分をしぼる。

3 きゅうりとレタスを合わせ、たれであえる。

きゅうりは青臭さを除くため、ピーラーで皮を除く。また、包丁の面でたたいて繊維をこわすと、味がなじみやすくなる。

たたききゅうりの
ミントあえ

きゅうりの風味とミントの香りがあいまって、
なんともさわやかな食べごこち。
ミントは中国料理でも大活躍する香味野菜ですよ。

◎ 材料（2～3人分）

きゅうり	3本
ミント	適量
粗塩	小さじ1/2
粗挽き黒こしょう	少々
ごま油	大さじ1/2

◎ 作り方

1 きゅうりは皮を除いてたたきつぶし、長さ半分に切る。粗塩
をふって20分おき、水気をきる。

2 1のきゅうりを軽くしぼって、ボウルに入れ、黒こしょう、
ごま油を加えてあえ、ミントを散らす。

ねぎ油のポテトサラダ

私のポテトサラダはマヨネーズを使いません。
味の要は、うまみと風味が自慢のねぎ油。
基本のポテトサラダと季節ごとのアレンジをご紹介します。

◎ 材料（2〜3人分）

じゃがいも	2個	粗塩	小さじ2/3
にんじん	1本	粗挽き黒こしょう	少々
卵	1個	万能ねぎ油	
		（作り方は18ページ）	大さじ2

◎ 作り方

1 じゃがいも、にんじんは洗っておく。

2 蒸気の上がった蒸し器に丸ごとのじゃがいも、にんじん、卵をのせて、30分蒸す（a）。じゃがいもと、にんじんは皮を除き、卵は殻をむく。

3 ボウルに2のじゃがいもを入れて粗くつぶし、粗塩、黒こしょうを加えてしっかり混ぜる（b）。

4 3にねぎ油（c）とねぎ（好みの分量）（d）を入れてよく混ぜる（e）。

5 輪切りにした卵とうす切りにしたにんじんを加え、ざっくり混ぜ合わせる（f）。

a 蒸し器にすべての素材を入れて蒸す。

b 味が絡みやすいじゃがいもにしっかり味をつける。

c ねぎ油は、まず油分のみ大さじ2を入れる。

d ねぎ部分は好みの分量を加える。

e ねぎ油をじゃがいもにしっかりなじませる。

f にんじん、ゆで卵は形を残し、ざっくりあえる。

四季のポテトサラダ

季節の素材を加えることで四季の味が楽しめます。ねぎ油のポテトサラダの作り方5の段階で、にんじんに代えて季節の素材を加えてください。

《秋》 梨

梨　1/4個　皮を除きすりおろす。

《夏》 きゅうり

きゅうり　1本　うす切りにし、塩2つまみをふってしんなりさせ、水分を軽くしぼる。

《冬》 りんご

りんご　1/4個　皮ごとすりおろす。

《春》 そら豆

そら豆　50g　蒸してさやから取り出す。

33

紫キャベツと
松の実のあえもの

松の実はとても上品な風味があって、
中国ではごまのようによく使う木の実です。
ふんわりとした香りと油分があえもののアクセントに。

◎ 材料（2～3人分）

紫キャベツ	1/4個（200g）
粗塩	小さじ1/2
炒り松の実	15g

たれ（混ぜ合わせる）

黒酢	大さじ2
はちみつ	大さじ1
豆板醤	小さじ1
ごま油	大さじ1

◎ 作り方

1 紫キャベツはせん切りにしてボウルに入れ、粗塩を加えてよ
く混ぜ20分おく。水分が出たら、軽くしぼっておく。

2 1の紫キャベツにたれを加えて混ぜ合わせ、さらに30分おく
（紫キャベツは硬いので味をしっかり浸透させる）。

3 いただく直前に、松の実を加えてあえる。

蒸しなすの
おろししょうがあえ

しょうがと練りごま、たっぷりの香味野菜と合わせた蒸しなす。
なめらかな舌触りと香ばしさで、
前菜としてもおかずとしても活躍してくれます。

◎ 材料（2～3人分）

なす	5本
みょうが（せん切り）	2個分
大葉（せん切り）	10枚分
たれ（混ぜ合わせる）	
しょうが（すりおろし）	大さじ1
練りごま（白）	大さじ2
しょうゆ	大さじ1と1/2
黒酢	大さじ1/2

◎ 作り方

1　なすはへたを除き、ピーラーで皮を除く。蒸気の上がった蒸し器に入れ、強火で2分、弱火で5分蒸す。そのまま10分おく。

2　1のなすを食べやすいように手でさいて、ボウルに入れ、たれでよくあえる。

3　2にみょうが、大葉を加えてあえる。

長芋とれんこんの
あえもの

白い食材は肺を潤してくれる働きがあります。
秋から冬にかけて旬を迎える野菜の力を
しっかり体にとり入れましょう。

◎ 材料（2〜3人分）

れんこん ……………………… 150g
長芋 …………………………… 120g
たれ（混ぜ合わせる）
　わさび ……………………… 小さじ1
　しょうゆ …………………… 小さじ1
　粗塩 ………………………… 小さじ1/3
　ごま油 ……………………… 大さじ1

◎ 作り方

1　れんこんの皮を除いて5mm厚さの輪切りにし、3%の酢湯で
　5分ゆでて水気をきる。

2　長芋の皮を除き、ポリ袋に入れて粗くたたきつぶす。ボウル
　に入れてたれとよくあえる。

3　1のれんこんを加えてあえる。

長芋は味がなじみやすいよう、ポリ袋な
どに入れて麺棒でたたきつぶす。

春菊と舞茸の
あえもの

味が絡みやすく、食感も風味もいい舞茸は
あえものに向くきのこです。
春菊の香りとのハーモニーを楽しんでください。

◎ **材料（2〜3人分）**

		合わせ調味料（混ぜ合わせる）	
春菊	1束	みそ	大さじ1
舞茸	100g	しょうゆ	小さじ1
赤唐辛子（粗みじん切り）	大さじ1/2	酒	大さじ1
太白ごま油	大さじ1	はちみつ	小さじ1

◎ **作り方**

1 春菊はさっとゆでて水にさらし、水気をしぼって3〜4cm
長さに切る。

2 舞茸は食べやすく小分けにする。

3 炒め鍋に太白ごま油を温め、赤唐辛子を加えて焦がさない
ようにさっと炒めたら、合わせ調味料を入れて煮立たせる。
香りが立ったら舞茸を加え、しんなりするまで炒め、1の
春菊とあえて器に盛る。

牛しゃぶ肉とクレソンの麻辣あえ

クミンの香りとピリッとした麻辣だれがなんとも食欲をそそる、ボリュームたっぷりのひと皿です。
牛肉にしっかり味つけをしてからクレソンとあえると、味にメリハリがつき、ひと味違うおいしさに。

◎ 材料（2～3人分）

牛しゃぶしゃぶ肉	200g
クレソン	1束
ごま油	大さじ1
一味唐辛子	大さじ1/2
しょうゆ	大さじ1と1/2
すりごま（白）	大さじ1/2
クミン（パウダー）	小さじ1/2

◎ 作り方

1 クレソンは3cm長さに切る。

2 酒（分量外、水1リットルに対し大さじ3）を入れた湯で牛しゃぶしゃぶ肉をしっかりゆでる（a）。アクをよけて（b）牛肉を取り出し、水気をきる（c）。

3 炒め鍋にごま油と一味唐辛子を入れて箸で少しなじませてから火にかける。ふつふつと沸き立ち、香りが出たら火を止め、しょうゆ、すりごま、クミンを入れてよく混ぜ合わせる（d）。

4 3に2の牛肉を入れてしっかりあえたら（e）、1のクレソンを加え、さっとあえる（f）。

a 水に酒を加えてゆでることで牛肉の臭みが取れ、やわらかく仕上がる。

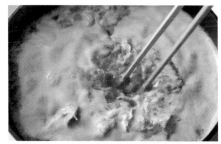

b しっかりアクが出きってしまうまでゆでる。

c 雑味になるアクをよけてから取り出す。

d 唐辛子とごま油がなじんで沸き立ってからしょうゆ、すりごま、クミンを入れる。

e ここで牛肉にしっかりと味を絡めることでメリハリのきいたひと皿になる。

f クレソンはざっくり軽くあえるイメージで。

豚しゃぶ肉とオクラ、冬菜のあえもの

中国でおなじみの漬物、冬菜を使ったあえもの。
発酵した白菜のうまみと香りが
豚肉のおいしさを引き出してくれます。

◎ 材料（2〜3人分）

豚しゃぶしゃぶ肉 ……………… 200g

オクラ …………………………… 8〜10本

冬菜（白菜漬け） ……………… 50g

長ねぎ（斜めうす切り）…… 10cm分

酒 …………………………………… 大さじ2

太白ごま油 ……………………… 大さじ1

◎ 作り方

1 豚肉は、酒（分量外、水1リットルに対し大さじ3）を入れた湯でしっかりゆでる。アクをよけて豚肉を取り出し、水気をきる。

2 冬菜は水でよく洗い、水気をしぼって食べやすく切る。

3 オクラはゆでて水にさらし、半量を小口切り、半量を縦半分に切る。

4 炒め鍋に太白ごま油を入れて火にかけ、長ねぎ、冬菜を入れて香りが出るまで炒める。酒を加えて煮立たせ、豚肉を合わせてしっかり混ぜ、オクラとあえる。

オクラは2種類の切り方にすることで違った食感が楽しめる。

豚バラ肉と豆もやしの四川風

豚バラ肉のうまみをまとった、豆もやしが主役のあえものです。
もやしはひげ根をきちんと除かないと
おいしさが半減してしまいますよ。

◎ **材料（2〜3人分）**

豆もやし	1袋
豚バラ肉（うす切り）	50g
豆板醤	小さじ1
しょうゆ	小さじ1
花椒粉	小さじ1/3

◎ **作り方**

1 豆もやしのひげ根を除いて、蒸気の上がった蒸し器に入れて
強火で1分、弱火で3分蒸す。そのまま10分おく。

2 炒め鍋に3cm長さに切った豚バラ肉を入れて火にかけ、カリ
カリになるまでじっくりと炒める。豆板醤、しょうゆで調味
し、花椒粉で香りをつけて火を止める。1の豆もやしを入れ
てあえる。

鶏レバーの塩漬けの
あえもの

栄養たっぷりなのに苦手な人も多いレバー。
塩漬けにすると臭みもきれいにとれて食べやすくなります。
基本の塩漬けとアレンジ2品を紹介します。

パセリ風味

◎ 材料（2〜3人分）

鶏レバーの塩漬け	5〜6個	たれ（混ぜ合わせる）	
パセリ（みじん切り）	大さじ2	しょうゆ	大さじ1/2
		ごま油	大さじ1/2

◎ 作り方

1 鶏レバーの塩漬けは包丁の面で軽くつぶし、厚さを半分に切る。

2 1の鶏レバーの塩漬けをボウルに入れ、たれでよくあえ、パセリを散らす。

レモン風味

◎ 材料（2〜3人分）

鶏レバーの塩漬け	5〜6個	粗挽き黒こしょう	少々
レモン（うす切り）	1/4個分	粗塩	ひとつまみ
玉ねぎ（うす切り）	1/2個分	ごま油	大さじ1/2

◎ 作り方

1 鶏レバーの塩漬けはうす切りにする。

2 1の鶏レバーの塩漬けをボウルに入れ、黒こしょう、粗塩、ごま油でよくあえ、レモン、玉ねぎを合わせる。

◎ 鶏レバーの塩漬け

◎ 材料（作りやすい分量）

鶏レバー	300g	花椒	20粒
酒	1カップ	粗塩	大さじ1/2
水	1カップ		

◎ 作り方

1 鶏レバーは10％の塩水（分量外）に入れて2時間程度つける（a）。冷蔵庫でひと晩おいてもいい。流水で洗って水気をきる。

2 鍋に1の鶏レバーを入れ、かぶる程度の水を入れて火にかけ（b）、しっかり煮立ったら3分ゆでてアクを出す（c）。アクをよけてレバーを取り出し（d）、水気をきる。

3 鍋に2の鶏レバー、酒、分量の水、花椒、粗塩を入れて（e）火にかけ、煮立ったら弱火にしてふたをし、20分煮る。火を止め、そのまま粗熱がとれるまでおいておく（f）。保存するときは、煮汁につけたまま冷蔵庫に入れる。

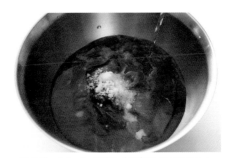

a 軽く洗ったレバーに塩と水を加えてつけておく。

b 急に加熱されて固くならないよう、水からゆでる。

c しっかりアクが出るまでゆでる。

d 雑味となるアクをよけて取り出す。

e しっかり水気をきってから味つけに入る。

f できたてはぷりぷり。粗熱がとれてから使う。

3種の棒々鶏
バンバンジー

おなじみの棒々鶏も、鶏肉の部位を変えるとまた違ったおいしさに。
下味をつけるときに塩麹を使うと鶏肉の臭みが消え、
ふっくら、やわらかく。うまみもぐんと増しますよ。

鶏もも肉で

◎ 材料（2〜3人分）

鶏もも肉 ……… 1枚（300g）
下味
　粗挽き黒こしょう… 少々
　塩麹 ……………… 大さじ1
　（粗塩小さじ1/2＋酒大さじ1でも）
きゅうり ………………… 1本
香菜（みじん切り）…… 1本分

ごまだれ（混ぜ合わせる）
　練りごま（白）………………… 大さじ1
　（練りごまの固さによって、水大さじ1/2をプラスする）
　しょうゆ ………………… 大さじ1
　黒酢 ……………………… 大さじ1/2
　花椒粉 …………………… 小さじ1/3

◎ 作り方

1 鶏もも肉は、肉の面に黒こしょうと塩麹で下味をつけ（a）、保存袋に入れて冷蔵庫でひと晩おく。

2 皮を表にしてロール状にしっかりと巻き、蒸気の上がった蒸し器に入れ（b）、強火で2分、弱火で13分蒸し、そのまま10分おく。1cm厚さに切ってボウルに入れる。

3 きゅうりはピーラーで皮を除き、たたいて軽くつぶし、長さを4等分に切る。

4 鶏肉をボウルに入れ、たれを加えてよくあえ（c）、香菜を合わせる。

5 3のきゅうりと盛り合わせる。

a 塩麹の効果で肉がやわらかくなり、臭みも消える。

b ロール状に巻くと蒸したときにうまみが逃げない。

c 鶏肉のみ味を絡めることでメリハリのある料理に。

鶏ささみで

◎ 材料（2〜3人分）

鶏ささみ	4本	たれ（混ぜ合わせる）
（＊下味は鶏もも肉と同じ）		わさび ……… 小さじ1
みょうが（うす切り）	2個分	しょうゆ ……… 大さじ2/3
		ごま油 ……… 大さじ1

◎ 作り方

1 鶏ささみは下味をつけて冷蔵庫にひと晩おく。蒸気の上がった蒸し器に入れ、強火で2分、弱火で5分蒸し、そのまま10分おき、手でさく。

2 1の鶏ささみをボウルに入れ、たれを加えてよくあえ、みょうがと合わせる。

鶏むね肉で

◎ 材料（2〜3人分）

鶏むね肉	1枚	たれ（混ぜ合わせる）
（＊下味は鶏もも肉と同じ）		辛子 ……… 小さじ1
大葉	10枚	しょうゆ ……… 大さじ2/3
		黒酢 ……… 小さじ1
		ごま油 ……… 大さじ1

◎ 作り方

1 鶏むね肉は下味をつけて冷蔵庫にひと晩おく。蒸気の上がった蒸し器に入れ、強火で2分、弱火で13分蒸し、そのまま10分おき、スライスする。

2 1の鶏むね肉を大葉と重ねて器に盛りつけ、たれをかける。

45

むきえびとそら豆、芽キャベツのあえもの

3つの素材をそれぞれおいしい状態に下ごしらえしてから、さっとあえます。ぷりっとしたむきえびと
そら豆のさわやかな甘さ、芽キャベツの歯ごたえ。おいしさのハーモニーを奏でるひと皿。

◎ 材料（2〜3人分）

そら豆	100g（正味）
芽キャベツ	5〜6個
むきえび	100g
酒	大さじ3
太白ごま油	小さじ1、大さじ1
にんにく	1かけ
長ねぎ（うす切り）	10cm分
オイスターソース	大さじ1
粗挽き黒こしょう	少々
糸唐辛子	少々

◎ 作り方

1 そら豆はさやから取り出し、薄皮をむく。芽キャベツは半分に切る。

2 炒め鍋に太白ごま油小さじ1と、芽キャベツの切り口を下にして入れて火にかけ、焦げ目がついたら酒をふって弱火にし、ふたをして2分（a）、そら豆を入れてさらに2分蒸し焼きし（b）、火を止めてそのまま5分おく。

3 むきえびはゆでて水気をきり、ボウルに入れる。

4 炒め鍋に太白ごま油大さじ1とたたいたにんにくを入れて火にかけ（c）、香りが出たら、長ねぎを入れる。長ねぎがしんなりしたらオイスターソースを加えて煮立たせ（d）、黒こしょうをふり、火を止める。

5 4のたれを3のボウルに入れてあえ（e）、2の芽キャベツとそら豆を加えてあえ（f）、糸唐辛子を合わせる。

a 芽キャベツをやわらかくするため、酒をふってふたをして蒸し焼きに。

b 芽キャベツより火が通りやすいそら豆は時間差で加えて、再びふたをする。

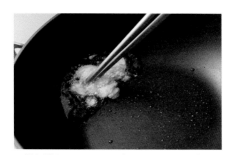

c 鍋を傾け、にんにくが油につかるようにする。

d にんにくの香りと長ねぎのうまみが油に抽出されたところで、オイスターソースを加える。

e 味の絡みやすいむきえびにしっかり味つけする。

f それぞれおいしくなった状態で全体をあえる。

カニとほうれん草の
あえもの

酢のものでおなじみの組み合わせも、
マスタードを使えば、新鮮な印象のあえものに。
ゆでガニで作るとさらに豪華なひと品です。

◎ **材料（2〜3人分）**

ほうれん草 ──────── 1束
カニ肉（缶詰） ──────── 100ｇ
たれ（混ぜ合わせる）
  マスタード ──────── 大さじ1
  粗塩 ──────── 小さじ1/3
  ごま油 ──────── 大さじ1

◎ **作り方**

1 ほうれん草はゆでて水にさらして水気をきる。2cm長さに切って水気を軽くしぼっておく。

2 ボウルにカニ肉を入れてほぐし、たれでよくあえ、1のほうれん草と合わせる。

ホタテとセロリの
あえもの

花椒の香りをまとった油をジュッとかけて完成。
ホタテとセロリが、はなやかな風味のあえものに。
ホタテのうまみが後を引きます。

◎ 材料（2～3人分）

ホタテ（缶詰）	1缶（固形量80g）
セロリ	2本
粗塩	小さじ1/2
花椒	25粒
太白ごま油	大さじ1と1/2

◎ 作り方

1 セロリはうす切りにしてボウルに入れる。粗塩を加えて軽くもみ、20分おく。

2 1の水気を軽くしぼり、水分をきってほぐしたホタテと合わせる。

3 炒め鍋に太白ごま油を入れて熱し、花椒を加えて香りが出たら、2にかけてあえる。

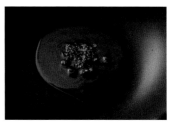

花椒の香りと油のうまみが一体になった
かけ油で仕上げる。

たことキャベツの
あえもの

食べやすく小さく切ったたこに相性のよいキャベツを合わせて。
ほんのり香る黒酢と、刻んだ香菜が隠し味になった、
お酒がすすむ、さっぱりとしたあえものです。

◎ 材料（2〜3人分）

キャベツ	200g
ゆでだこ（小さめのぶつ切り）	100g
香菜（みじん切り）	1本分

たれ（混ぜ合わせる）

黒酢	大さじ1と1/2
はちみつ	大さじ1/2
粗塩	小さじ1/3
粗挽き黒こしょう	小さじ1/4
ごま油	大さじ1

◎ 作り方

1 キャベツはさっとゆでて水気をきり、1cm幅のせん切りにする。

2 ゆでだこはボウルに入れ、たれでよくあえる。

3 2のボウルに1のキャベツと香菜を加えてあえる。

じゃこと小松菜の
あえもの

いくらでも食べられそうな滋味深い味。
ちりめんじゃこの塩味と黒酢のうまみが
味のポイントです。

◎ **材料（2〜3人分）**

小松菜	1束（200g）
ちりめんじゃこ	30g
黒酢	大さじ1
酒	大さじ1
太白ごま油	大さじ1

◎ **作り方**

1 小松菜はゆでて水にさらし3cm幅に切って、水気を軽くしぼってボウルに入れておく。

2 炒め鍋に太白ごま油を熱し、じゃこを入れて中火で炒める。酒をふり、水分をとばすように炒めて黒酢を加え、かりっとなるまで炒める。

3 2を1にかけてあえる。

にんじんとあんず、マンゴーのあえもの

立役者はドライフルーツ。凝縮された甘味、酸味があえものに奥行きのある味を与えてくれます。
大きさを揃えて切ることで、食べたときの一体感も増し、噛みしめるほどに、ドライフルーツのうまみが口に広がります。

◎ 材料（2〜3人分）

にんじん	1〜2本（約250g）
干しあんず	8個
干しマンゴー	20g
粗塩	小さじ1/3
粗挽き黒こしょう	小さじ1/5
ごま油	大さじ1

◎ 作り方

1 にんじんは皮を除きスライサーでせん切りにする（a）。せん切りを
　ざるにのせて熱湯をかけ（b）、水気をきってボウルに入れる。

2 せん切りにした干しあんず、干しマンゴー（c）を1のボウルに入れ
　てあえる（d）。

3 2の干しあんず、干しマンゴーがやわらかくなったら（e）、粗塩、
　黒こしょう、ごま油を順に加え（f）、その都度しっかりあえる。

a スライサーを使うと手早くせん切りができる。

b ざるとボウルを重ね、にんじんに熱湯を注ぐ。
　少し泳がせてからざるを上げる。

c 干しあんずとマンゴーはにんじんと同じ細さの
　せん切りにするとなじみやすい。

d なじませるようにしっかりあえる。

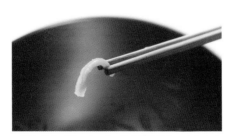

e 干しあんずとマンゴーが水分を含み、やわらか
　くなったら調味料を加えていく。

f 最初に粗塩を加えてしっかり味をつけ、黒こし
　ょう、ごま油で風味と香りを足す。

梨と白きくらげのあえもの

見た目も美しい、白いあえもの。
梨の甘味にいやされます。

◎ 材料（2〜3人分）

梨	1個
白きくらげ（乾物）	10g

たれ

粗塩	小さじ1/2
わさび	小さじ1
ごま油	大さじ1
粗挽き黒こしょう	少々

◎ 作り方

1 白きくらげは水につけてひと晩おいて戻す。さっとゆでて水にさらし、水気をきる。石づきを除いて食べやすい大きさに切る。

2 梨は皮を除いて5mmのうす切りにする。

3 1の白きくらげと2の梨をボウルに合わせ、たれの材料で順にあえる。

きくらげは食物繊維
の多い乾燥きのこ。
常備しておきたい。

柿とれんこんのあえもの

柿の甘味とたれの風味があいまって。
歯ごたえもごちそうです。

◎ 材料（2〜3人分）

柿	1個
れんこん	150g

たれ（混ぜ合わせる）

辛子	小さじ1
しょうゆ	大さじ1/2
ごま油	大さじ1

◎ 作り方

1 れんこんの皮を除き、薄い乱切り（2cm厚さ）にして、3％の酢湯で7〜8分ゆで、水気をきる。

2 柿は半分に切って皮を除き、6等分のくし形に切る。

3 1のれんこん、2の柿をボウルに合わせて、たれでよくあえる。

金柑とかぶのあえもの

冬になったら金柑の出番。
たっぷりのビタミンをいただきましょう。

◎ 材料（2〜3人分）

かぶ	3個
金柑	4個
粗塩	小さじ1/3
赤唐辛子（輪切り）	2本分
太白ごま油	大さじ1

◎ 作り方

1 かぶの皮を除いて4等分のくし形に切り、蒸気の上がった蒸し器に入れ、強火で2分、弱火で5分蒸し、そのまま10分おく。

2 金柑は横半分に切り、手で軽くつぶして種を除く。1のかぶと合わせてボウルに入れ、粗塩を加え、あえる。

3 炒め鍋に太白ごま油と赤唐辛子を入れて火にかけ、香りが出たらすぐに2にかける。

金柑は半分に切り、
指でつまんで種を
押し出す。

りんごとカリフラワーの
レモン風味あえ

りんごとレモンのさわやかさ！
お口直しにぴったりなあえもの。

◎ 材料（2〜3人分）

りんご	1/2個
カリフラワー	1/2個
レモン汁	大さじ1
粗塩	小さじ1/3
黒こしょう	少々
ごま油	大さじ1

◎ 作り方

1 カリフラワーはひと口大に切り分け、湯通しして水気をきってボウルへ入れる。

2 りんごは芯を除き、皮ごとすりおろして、レモン汁、粗塩、黒こしょう、ごま油を加える。

3 2を1のカリフラワーにかけてあえる。

果もの

３種の白あえ

みずみずしい野菜がたっぷりとれる白あえ。
わさびや花椒の風味がアクセントになってそれぞれ違ったおいしさです。

香味野菜

きゅうり

キャベツ

香味野菜の白あえ

◎ 材料（2〜3人分）

絹ごし豆腐 ……………… 1丁（300g）
香味野菜
　香菜 ……………………………… 2本
　ミント ……………………… 1パック
　大葉 …………………………… 20枚
粗塩 ……………………… 小さじ1/2
練りごま（白）…………… 大さじ2

◎ 作り方

1 絹ごし豆腐はざるにのせて軽く崩し、冷蔵庫にひと晩おいて水きりをする（a）。
2 香味野菜はすべて粗みじん切りにする。
3 ボウルに練りごま、粗塩を入れてよく混ぜ、1を入れてしっかり混ぜておく。
4 3のボウルに2の香味野菜を加え、よくあえる。

a 豆腐を軽く崩しておくことで、効率的に水きりができる。

きゅうりの白あえ

◎ 材料（2〜3人分）

きゅうり ………………………… 2本
絹ごし豆腐 ……………… 1丁（300g）
みょうが ………………………… 2個
練りごま（白）…………… 大さじ2
粗塩 ……………………… 小さじ1/2
花椒粉 …………………… 小さじ1/3

◎ 作り方

1 絹ごし豆腐はざるにのせて軽く崩し、冷蔵庫にひと晩おいて水きりをする（a）。
2 きゅうりは皮を除き、薄く斜め切りにしてからせん切りにする。みょうがもせん切りにしてボウルに入れ、粗塩小さじ1/2（分量外）をふって20分程度おき、水気をしぼる。
3 別のボウルに練りごま、粗塩、花椒粉を入れてよく混ぜ、1を入れてしっかり混ぜておく。
4 3のボウルに2を加え、よくあえる。

キャベツの白あえ

◎ 材料（2〜3人分）

春キャベツ ……………………… 200g
絹ごし豆腐 ……………… 1丁（300g）
わさび …………………… 大さじ1/2
粗塩 ……………………… 小さじ1/2
練りごま（白）…………… 大さじ2

◎ 作り方

1 絹ごし豆腐はざるにのせて軽く崩し、冷蔵庫にひと晩おいて水きりをする（a）。
2 キャベツは葉を1枚ずつはがして、さっとゆで、水にさらす。水気をきって、せん切りにし、水気をしぼる。
3 ボウルにわさび、粗塩、練りごまを入れてよく混ぜ、1を加えてしっかり混ぜておく。
4 3のボウルに2のキャベツを加え、よくあえる。

厚揚げとピータンのあえもの

ピータンは常備しておくと便利な食材です。しょうがじょうゆと合わせ、
豆板醤がほんの少しピリリときいたたれとあえると、素朴な厚揚げがメインのおかずに。

◎ 材料（2～3人分）

		たれ（混ぜ合わせる）	
厚揚げ	1枚	しょうが（すりおろし）	大さじ1
クレソン	1束	しょうゆ	大さじ1/2
ピータン	2個	豆板醤	小さじ1/2
ごま油	小さじ1	黒酢	大さじ1/2
		ごま油	大さじ1/2

◎ 作り方

1 炒め鍋にごま油を入れ、1cm幅に切った厚揚げの両
　面を焼く（a）。クレソンは3cm長さに切る。

2 ピータン（b）は殻をむいて乱切りにし（c）、ボウル
　に入れて、たれでよくあえる。

3 器に厚揚げを盛り、2をかけ、クレソンを添える。

a 厚揚げの断面をしっかり、香ばしく焼く。

b あひるの卵を加工熟成、うまみの強いピータン。

c たれがなじみやすいよう、小さめの乱切りに。

大豆製品・乾物

みょうが入りピータン豆腐

◎ 材料（2～3人分）

絹ごし豆腐	150g
ピータン	1個
たれ（混ぜ合わせる）	
みょうが（小口切り）	1個分
長ねぎ（みじん切り）	10cm分
しょうゆ	大さじ1
黒酢	大さじ1
ごま油	大さじ1

◎ 作り方

1 絹ごし豆腐は6等分に切り、水
　きりして、皿に盛る。

2 ピータンは殻をむき、粗みじん
　切りにしてボウルに入れてたれ
　であえ、1の豆腐にのせる。

中国湯葉と
紫玉ねぎのあえもの

手軽に植物性たんぱく質がとれる湯葉は
とても便利な食材です。中国湯葉は肉厚で、
食べごたえがあるので毎日の食卓に活用してください。

◎ 材料（2〜3人分）

中国湯葉（乾物）……………… 30g
紫玉ねぎ ……………………… 1/2個
ディル（ざく切り）…………… 適量
粗塩…………………………… 小さじ1/3
花椒…………………………… 20粒
太白ごま油 ………………… 大さじ2

◎ 作り方

1 湯葉は水につけてひと晩おいて戻し、ゆでてざるに上げて水
　気をきり、食べやすい大きさに切る。

2 紫玉ねぎは繊維を断ち切るようにスライスして水にさらし、
　水気をしぼる。

3 1の湯葉、2の紫玉ねぎをボウルに合わせ、粗塩を加えてよ
　くあえる。

4 炒め鍋に太白ごま油と花椒を入れて火にかけ、香りが出たら
　3にかけ、ディルを散らしてあえる。

中国湯葉はオンラインショップなどで購
入できる。

切り干し大根の香味野菜あえ

切り干し大根は煮ものだけじゃもったいない！
少しの水分で戻して、
うまみを丸ごといただきましょう。

◎ **材料（2〜3人分）**

切り干し大根（乾物）………… 30g
大葉（せん切り）…………… 10枚
たれ（（混ぜ合わせる）
　柚子こしょう ………… 小さじ1
　ごま油 ………………… 大さじ1

◎ **作り方**

1　切り干し大根は少量の水につけて戻す。そのまま炒め鍋に入れ、火にかけて煮立ったら弱火にしてふたをして10分煮る。

2　1にたれを加えてよくあえ、大葉を合わせる。

うまみや大切な成分を逃さないよう、ひたひたくらいの少量の水で戻す。

黒きくらげと香菜の
あえもの

きくらげはいつでも使えるように常備しましょう。
繊維も豊富で、とくに黒きくらげは血液の流れを
きれいにしてくれるといわれています。

◎ 材料（2〜3人分）

黒きくらげ（乾物）……………10g
香菜（1cm長さに切る）……2本分

たれ（混ぜ合わせる）

しょうゆ……………………大さじ1
黒酢……………………大さじ1と1/2
はちみつ……………………小さじ1
粗挽き黒こしょう……………少々
ごま油……………………大さじ1

◎ 作り方

1 黒きくらげは水につけてひと晩おいて戻し、さっとゆでて水
にさらして水気をきる。石づきを除き、食べやすい大きさに
切る。

2 1の黒きくらげをたれでよくあえてから、香菜と合わせる。

白きくらげとトマト、みょうがのあえもの

粘膜を保護し、体を潤してくれるといわれる白きくらげ。
トマトのうまみ、みょうがの香りをまとって、
食べごこちも楽しいあえものになりました。

◎ **材料（2〜3人分）**

白きくらげ（乾物）................ 15g
みょうが（うす切り）........ 2個分
トマト 1個
たれ（混ぜ合わせる）
　粗塩 小さじ1/2
　粗挽き黒こしょう .... 少々
　ごま油 大さじ1

◎ **作り方**

1 白きくらげは水につけてひと晩おいて戻し、さっとゆでて水にさらして水気をきる。石づきを除き、食べやすい大きさに切る。

2 トマトは1cm厚さの輪切りにし、同じ幅の棒状に切る。

3 1の白きくらげをたれでよくあえてから、トマト、みょうがを合わせる。

ねぎ油のあえ麺

ねぎ油であえるだけなのに、びっくりするほどおいしいあえ麺。
ゆで卵やクレソンなどの青菜を添えると
ちょっと豪華なひと皿になりますよ。

◎ 材料（1人分）

中華麺 ……………………………………………… 1個
たれ（混ぜ合わせる）

　万能ねぎ油（作り方は18ページ）
　　　………………………… 大さじ1と1/2
　たまりしょうゆ ………… 大さじ1と1/2
　黒酢 ……………………………… 大さじ1と1/2

◎ 作り方

1　たっぷりの湯で中華麺をゆでる。流水にさらしてぬ
　めりを軽くとり、水気をしっかりきる。

2　ボウルにたれを混ぜ合わせ、麺を加えてよくあえる。

たれはしっかり混ぜ合わせること。おい
しくする唯一のコツです。

担々麺

唐辛子は調味料というより、うまみをたっぷり含んだ野菜の
乾物です。だから使うときは水で戻しておいしさも取り戻す。
鼻にぬける香りがたまらない、麺をおいしくいただく料理です。

◎ 材料（1人分）

中華麺 ………………………………… 1個

たれ（混ぜ合わせる）

　自家製辣油（作り方は19ページ）

　　………………………………… 大さじ1

　たまりしょうゆ ………………… 大さじ2

◎ 作り方

1 たっぷりの湯で中華麺をゆでる。流水にさらしてぬ
　めりを軽くとり、水気をしっかりきる。

2 ボウルにたれを混ぜ合わせ、麺を加えてよくあえる。

うまみの強い韓国産一味唐辛子を使って
いるので、それほど辛くありません。

小皿にあえもの、大鉢に煮もの
こんな晩酌はいかがですか?

豚ヒレ肉の
さっぱり角煮
p.81

忙しい毎日の食卓を助けてくれる
煮ものとあえものですが、
たまにはこんな趣向を楽しんでみてはいかがでしょう。
小皿にちょこちょこあえものを盛って、
お気に入りの大鉢には角煮をどん!
紹興酒やワインを片手に
ゆったりした時間を過ごすのも、
大人の楽しみのひとつですよね。

煮ものとあえものがあれば、
毎日のお弁当作りもスイスイ

ほうれん草の辛子あえ
p.14

茶玉子
p.102

紫花豆の
八角風味煮
p.124

大豆ミートと
いんげんの煮もの
p.121

白花豆の花椒風味煮
p.125

ごぼうとにんじんの
オイスターソース煮
p.112

ぶりと長ねぎの
煮もの
p.104

なにしろごはんのすすむ煮ものです。
煮汁も少なく、お弁当にもってこい。
お野菜担当のあえものは、ほうれん草の辛子あえやセロリの搾葉あえなど、
本のなかからお好きなものをピックアップしてどうぞ。
煮もの、あえもの弁当で今日も元気に過ごしましょう！

煮もの

忙しい人にとくにおすすめなのが煮ものです。
なにしろ、放っておくことがいちばんのコツ。
時間が自然においしくしてくれる料理なのです。
素材を仕込んでしまえば、あとは待つだけ。
その空いた時間に副菜を作りましょう。
うまみたっぷりの、メインのおかずになる
煮ものを数多くご紹介します。
素材そのもののおいしさを味わってください。

煮ものは大きく分けて、
2つの考え方で作ります

素材それ自体をおいしくするのが中国の煮ものです。

たとえば、豚や牛、ラムなど肉を使った煮ものと、

短い時間で火が通るような野菜の煮ものとでは、

同じ煮込みでも考え方が違ってきます。

量を多めに、長めに煮ることで
おいしくなる煮もの

豚の角煮や牛すね肉の煮ものなどは、短い加熱時間では肉のたんぱく質が固くなるだけで、おいしく仕上げられません。かたまり肉の煮ものは、長時間煮て、しっかり放置する時間をおくからこそ、肉がやわらかく、味がしみておいしくなります。
また、少量を煮るよりもたくさんの量を煮たほうが、だんぜんおいしい。

それは、煮ているあいだに肉同士がお互いの油脂やうまみを吸収するからです。500g以上の肉を前にすると、最初は多いなと感じるかもしれません。でも、長く煮ているあいだにサイズはかなり小さくなります。おいしくて、「もっとたくさん煮ておけばよかった！」と思ってしまうかもしれませんよ。

豚肩ロースの角煮（78ページ）

鶏ささみとレタスのさっと煮（100ページ）

量は少なめで、さっと短時間で
おいしくできる煮もの

同じ肉でも、うす切りのものや鶏のささみなど、さっと火が通るものは、比較的短い時間でおいしく煮上がります。葉もの野菜にいたっては、加熱する時間はほんのわずかです。ようは、素材それぞれがいちばんおいしく仕上がる時間だけ煮るということですよね。
さっと煮タイプの煮もののおいしさは、さほど量に左右されません。
少量の材料でさっと煮て、できあがり。栄養のある素材とおいしい水分で体を温めることができますから、忙しいときほど重宝する煮ものです。

煮ものをおいしくする

① 煮ものにはたまりしょうゆ。コクとうまみが違います

煮ものにはたまりしょうゆをおすすめします。濃口、薄口しょうゆに比べて、原材料として使う大豆の比率が大きく、仕込み水も少ないため、そのうまみは濃厚。独特のコクも煮ものをおいしくしてくれます。

一方で、塩味はあまり強くありませんから、塩やオイスターソースなどと合わせて使うことで、味がきれいにまとまります。

なにしろ、できあがったときのおいしさが違いますから、ここは私を信用して（！）ぜひたまりしょうゆを使ってみてください。

② 素材がおいしくなるだけの、少なめの水分でいいのです

野菜の煮ものだとだいたいカップ半分くらいの水分量。肉などの煮ものでも、それほど多くの水分を加えません。だって、水分に素材のうまみがすべて出てしまってはもったいないじゃありませんか。

煮ものは主役の素材そのものをおいしくするための調理方法で、水分は素材をやわらかく、味をしみこませるために働く。素材それぞれに必要な水分量は違い、むしろその分量は少なくてよい場合が多いのです。

8つのコツ

③ 煮ものは
必ずふたをして煮ます

中国の煮ものに欠かせないのは、なんといってもふたです。水分や素材を加えたら必ずふたをして煮ます。鍋の中を想像してみましょう。ふたをすると、煮ものの素材とふたのあいだには蒸気が満ちますよね。熱はしっかり閉じ込められ、少ない水分でも蒸発せずに対流し、素材を焦げつかせることもありません。
これもまた、少ない水分で素材自体をおいしく煮るためのテクニックのひとつなのです。

④ スパイスを上手に使いましょう

昨今のカレー人気で、いろいろなスパイスが身近になりました。でもちょっと考えてみてください。ほとんどのものが漢方食材ではありませんか？
フェンネルは茴香（ういきょう）のことですし、クミンは中国語で小茴香、シナモンは肉桂。中国の煮ものにスパイスはおなじみの相棒で、とくに肉の煮ものには欠かすことができないもの。とはいえ、臭みをとってくれたり、ほんのり食欲をそそる香りづけをしたりする程度の主張しすぎない存在です。
今回使っているのはどれもすぐ手に入るものばかりですから、スパイスを煮ものに取り入れ、身近なものにしていただけるとうれしいです。

⑤ 肉は部位ごとにおいしさが違います

写真は豚肉の肩ロースとバラ肉、ヒレ肉。こうして並べてみると、赤身や脂身のバランス、色合いがまったく違うのがわかります。部位ごとに味わいが違うのも当然ですね。脂身の多いバラ肉は煮ものにするとぷるんとした食感で甘味を強く感じますし、ヒレ肉は身がきゅっと引き締まってほろほろと崩れます。

バランスがよくて私のお気に入りなのが肩ロース。よく動く部位なので肉に弾力がありながらやわらかく、脂身の具合もちょうどいい。この本では部位ごとの角煮を紹介していますから、ぜひ試してお気に入りの味を見つけてください。

⑥ 湯船に入った おすもうさん方式で煮ます

またまた想像してみてください。小さなお風呂に何人かのおすもうさんが入っています。ぎゅうぎゅう身を寄せ合っているので、お湯は少なくてもみんな肩までつかることができています。

これが煮ものの少ない水分量の秘密ですが、実はもうひとつヒントがあります。

それは、素材の分量が倍になったときに、水分も倍にする必要はないということ。鍋の大きさを倍にしたなら水分量も倍にしないといけませんが、ぎゅうぎゅうでも同じ鍋に入るなら、ほんの少し水分を足すくらいですみますよね。

たとえば角煮の豚肉を倍の量にする場合、水分量、調味料を倍にする必要はありません。鍋の中でうまく水分がまわっているようならレシピのままでいいですし、足りない場合でも少し増やすくらいで、おいしく煮ることができるのです。

分量を多くしたいときは、このことを頭において調整してみてください。

⑦ いっしょくたに煮ません
それぞれがおいしくなる時間を見極めて

肉と野菜では、加熱してやわらかくなる時間は違います。つまり、それぞれの素材をおいしく食べようと思うなら煮る時間を変えなければなりません。

かんたんなことですが、最初から材料を全部入れて煮ないことです。固いものは先に入れ、あとから、すぐ火が通るものを加える。葉もの野菜だったらふたをして2分程度、みょうがなど生でも食べられるものだったら、ふたをして余熱で温まってもらうだけでもいい。

ちょっとしたことで仕上がりに大きな差がつくのが料理です。ほんの少しだけ気を配って調理しましょう。

⑧ コクをプラスするには、
はちみつや黒砂糖がおすすめです

豚ヒレ肉や鶏肉など、素材自体が比較的淡白なものの場合、少し調味料を足して深みを出したいと考えることがあります。そのとき私がよく使うのは、はちみつや黒砂糖です。

白砂糖に比べて、ミネラルなどの栄養素が豊富だということもありますが、それぞれ自然な風味があるため、煮ものに深いコクを与えてくれるのです。もちろん甘味も強いし、個性もそれぞれ違うものですから、分量には注意して、少しずつ足してみるとよいかと思います。

豚肩ロースの角煮

中国では角煮にも様々なバリエーションがあります。今回は豚肉の部位ごとの角煮を紹介しましょう。
まずは豚肩ロース。赤身と脂身のバランスがよくて食べやすい、ほんのり八角が香る角煮です。

◎ 材料（作りやすい分量）

豚肩ロース肉（かたまり）		600g
A	酒（あれば紹興酒）	1カップ
	水	1/2カップ
	黒酢	大さじ1/2
	しょうが（うす切り）	1/2かけ分
	長ねぎ	10cm
	八角	1個
	はちみつ	大さじ2
たまりしょうゆ		大さじ3

◎ 作り方

1 豚肩ロース肉は、大きめのひと口大に切っておく（a）。

2 水（分量外）を張った鍋に豚肉を入れて（b）下ゆでし（沸騰してから2分おく）、アクをよけて取り出し（c）、水気をしっかりきる。

3 2の豚肉を鍋に入れ、Aを加えて火にかけ、煮立ったら、弱火にしてふたをし（d）、30分煮る。

4 たまりしょうゆを加えて（e）ふたをし、さらに40〜50分煮る（汁が多く残ったら、強火で煮詰める）（f）。火を止めてそのまま30分おき、味を含ませる。

a できあがりはかなり小さく縮むため、大ぶりのひと口大に切っておく。

b 水の状態から煮ることで、熱がゆっくり入り、肉がやわらかく仕上がる。

c 雑味のもととなるたくさんのアクが出るので、ていねいによけて、肉だけを取り出す。

d 熱を閉じ込め、蒸し煮にしてやわらかく火を通すため、必ずふたをして煮る。

e しょうゆを加えたら、再びふたをする。混ぜなくても自然な対流で味が全体にまわる。

f 汁が多く残った場合は、ふたを開け、強火で水分をとばして煮詰める。

卵入り豚バラ肉の角煮

ほんの少し加えた黒酢が全体をさっぱりと仕上げ、
スッと箸が入るほどやわらかな豚バラ肉の角煮。
一緒に卵を煮ておけば、お弁当にも活躍します。

◎ 材料（作りやすい分量）

豚バラ肉（かたまり）…… 500g
ゆで卵 …………………… 4個

A
| 紹興酒 …………… 1カップ |
| はちみつ ……… 大さじ1 |
| 黒酢 ………… 大さじ1/2 |
| 八角 ………………… 1個 |
| 水 ……………… 1カップ |
たまりしょうゆ …… 大さじ3

◎ 作り方

1 豚バラ肉は大きめのひと口大に切り、下ゆでして（水から入れ、
沸騰してから2分おく）、アクをよけて取り出し、水気をしっかり
きる。

2 鍋に1の豚肉とAを入れて火にかける。煮立ったら弱火にし、
ふたをして30分煮る。

3 たまりしょうゆを加え、殻をむいたゆで卵も入れてふたをし、
さらに20分煮る（汁が多く残ったら、強火で煮詰める）。火を止めて
そのまま30分おき、味を含ませる。

豚ヒレ肉のさっぱり角煮

脂身の少ないヒレ肉に合わせて、
花椒のきいたさわやかな味つけ。
さっぱりしているので、飽きずに食べられます。

◎ 材料（作りやすい分量）

豚ヒレ肉（かたまり）		1本（約300g）
A	しょうが（うす切り）	1かけ分
	長ねぎ（ぶつ切り）	1/2本分
	花椒	15粒
	酒	1/2カップ
	水	1/2カップ
	黒砂糖	20g
たまりしょうゆ		大さじ2

◎ 作り方

1 豚ヒレ肉は、大きめのひと口大に切り、下ゆでして（水から入れ、沸騰してから2分おく）、アクをよけて取り出し、水気をしっかりきる。

2 鍋に1の豚肉とAを入れて火にかける。煮立ったら弱火にし、ふたをして20分煮る。

3 たまりしょうゆを加え、ふたをしてさらに20分煮る（汁が多く残ったら、強火で煮詰める）。火を止めてそのまま30分おき、味を含ませる。

スペアリブとマンゴーの煮もの

ドライフルーツは煮ものととても相性のよい素材です。
干しマンゴーのうまみと酸味で
いっそう深みのある味になりました。

◎ 材料（作りやすい分量）

豚スペアリブ（長いままのもの）
———————— 400g
干しマンゴー ———————— 80g

A｜黒粒こしょう（たたきつぶす）
　｜———————— 15粒
　｜しょうが（うす切り）
　｜———————— 1かけ分
　｜酒 ———————— 1カップ
　｜水 ———————— 1カップ
　｜黒酢 ———————— 大さじ1
たまりしょうゆ ———————— 大さじ2

◎ 作り方

1 豚スペアリブは下ゆでして（水から入れ、沸騰してから2分おく）、アクをよけて取り出し、水気をしっかりきる。

2 鍋に1のスペアリブと干しマンゴーを交互に入れ、Aを加えて火にかける。煮立ったら、弱火にしてふたをして40分煮る。

3 たまりしょうゆを加えてふたをし、さらに30分煮る（汁が多く残ったら、強火で煮詰める）。火を止めてそのまま30分おき、味を含ませる。

干しマンゴーは酵素で肉をやわらかくしてくれる働きも。

スペアリブの豆豉煮

中国語ではスペアリブ＝排骨。骨の周りのバラ肉で、そもそもうまみたっぷりの部位ですから、豆豉と一緒に煮ることでおいしさもパワーアップ、ごはんがすすみますよ。

◎ **材料（作りやすい分量）**

豚スペアリブ（5cm長さに切る。店で切ってもらうとよい）
————————————————————————500g

A｜黒酢 ————————————————————大さじ1
　｜豆豉 ——————————————————————50g
　｜紹興酒 ——————————————————1/2カップ
　｜水 ————————————————————1と1/2カップ
粗塩 ——————————————————————小さじ1/2

◎ **作り方**

1 豚スペアリブは下ゆでして（水から入れ、沸騰してから2分おく）、アクをよけて取り出し、水気をしっかりきる。

2 鍋に並べ入れたら、Aを加えて火にかける。

3 煮立ったら弱火にし、ふたをして30分煮る（汁が多く残ったら、強火で煮詰める）。最後に粗塩で味を調え、火を止めてそのまま30分おき、味を含ませる。

豚肉と白菜のじっくり煮 金柑風味

冬に旬を迎える白菜を、食べごたえのあるとんかつ用のお肉と一緒に煮込みます。
酒粕で体も温まり、後から加えた金柑の香りが気を巡らせてくれるのもうれしい冬の煮ものです。

◎ 材料（2〜3人分）

豚肩ロース肉（とんかつ用）……… 2〜3枚（300g）
白菜 …………………………………… 400g
長ねぎ（うす切り）…………………… 1本分
酒粕 …………………………………… 15g
水 ……………………………………… 1カップ
粗挽き黒こしょう …………………… 少々
たまりしょうゆ ……………………… 大さじ1
粗塩 …………………………………… 小さじ1/2
金柑（うす切り）……………………… 3個分

◎ 作り方

1 豚肩ロース肉は厚さと同じ幅に切る（a）。

2 白菜は繊維を断ち切るように5mm幅に切る（b）。

3 鍋に酒粕、分量の水を入れて火にかけ、箸で溶かす（c）。煮立ったら1の豚肉を入れて10分煮る（d）。

4 2の白菜と長ねぎを入れ（e）、ふたをして15分煮て、黒こしょう、たまりしょうゆ、粗塩で味を調え、金柑を入れて火を止める。ふたをして10分おいて味を含ませる（f）。

a 肉は厚みに揃えて切る。

b 白菜は茎も葉も細切りにする。

c 酒粕はダマにならないようていねいに溶かす。

d 酒粕の働きで豚肉がやわらかくなる。

e 火が通りやすい白菜、長ねぎはあとから加える。

f ふたを開けると金柑のさわやかな香りが広がる。

豚肉の梅干し煮
八角風味

梅干しも煮ものと相性がいい素材です。豚肉に合わせるなら、
はちみつを加えて少しコクを出すようにしましょう。
全体の味をしっかりまとめてくれます。

◎ 材料（作りやすい分量）

豚肩ロース肉（かたまり）……… 400g

A｜しょうが（うす切り）……… 50g
　｜八角……………………… 1個
　｜酒……………………… 1カップ
　｜水……………………… 1/2カップ
　｜はちみつ……………… 大さじ1

梅干し（大、梅肉30gでもよい）…… 4粒
たまりしょうゆ……………… 大さじ1

◎ 作り方

1　豚肩ロース肉は大きめのひと口大に切り、下ゆでして（水から入れ、
　沸騰してから2分おく）、アクをよけて取り出し、水気をしっかりきる。

2　鍋に1の豚肉、Aを入れて火にかけ、煮立ったら弱火にし、ふたを
　して30分煮る。

3　種を除いた梅干しとたまりしょうゆを加えて、ふたをし、さらに30
　分煮て火を止める。そのまま20分おいて味を含ませる。

豚肉のカレー

わが家のカレーはとてもシンプルですが、おいしさは保証つき！
玉ねぎをたっぷり使うと甘味もしっかり出て、肉もやわらかく。
ジャスミン米でいただくのがおすすめです。

◎ 材料（2〜3人分）

豚肩ロース肉（かたまり）	500g
玉ねぎ	2個
カレー粉	大さじ3
酒	1カップ
水	1と1/2カップ
たまりしょうゆ	大さじ4
粗塩	小さじ1

◎ 作り方

1 豚肩ロース肉はひと口大に切る。

2 玉ねぎの皮を除いて、うす切りにする。

3 鍋に1の豚肉を入れてじっくり焼き、油が出たらカレー粉を
　入れて炒め合わせ、2の玉ねぎを入れてしんなりするまで炒
　める。

4 酒、水を加えて煮立たせたら、弱火にしてふたをし、40〜
　50分煮る。たまりしょうゆ、粗塩で味を調える。

牛肉のクミン煮

ほのかにクミンが香る牛肉の煮もの。噛みしめるたびにうまみが広がります。
たっぷり多めに作っておけば、翌日も味がしみて、さらにおいしい！

◎ 材料（作りやすい分量）

牛肉（シチュー用）	600g
酒	1カップ
水	1カップ
クミン（パウダー）	大さじ1
粗塩	小さじ1
オイスターソース	大さじ1と1/2
香菜（みじん切り）	適量

◎ 作り方

1 牛肉は大きめのひと口大に切る。

2 水（分量外）を張った鍋に牛肉を入れて（a）下ゆでし（沸騰してから2分おく）、アクをよけて取り出し（b、c）、水気をしっかりきる。

3 鍋に2の牛肉と、酒、水、クミンを入れて火にかけ（d）、煮立ったら弱火にし、ふたをして1時間半煮る（e）。

4 粗塩、オイスターソースを加えて味を調える（汁が多く残ったら、強火で煮詰める）（f）。火を止めてそのまま30分おいて味を含ませる。仕上げに香菜を散らす。

a 肉は水からゆでることでやわらかく仕上がる。

b たっぷりのアクが出るまで待つこと。

c 雑味のあるアクをちゃんとよけて取り出す。

d 別の鍋に肉を移し、調味料などを加える。

e 煮ものにはふたが重要。熱を逃さず、蒸し煮に。

f 汁が多い場合は強火で煮詰める。

牛肉の五香粉風味煮

五香粉は中国の代表的なスパイスミックス。
花椒、クローブ、シナモンなどの
はなやかで甘い香りが、煮ものをおいしく彩ります。

◎ 材料（作りやすい分量）

牛すね肉（かたまり） ……… 500g

A
| しょうが（うす切り）
| ……………………… 1かけ分
| 長ねぎ（ぶつ切り）……… 10cm分
| にんにく ………………… 2かけ
| 干しあんず ……………… 6個
| 酒 ………………………… 1カップ
| 水 ………………………… 1カップ
| 五香粉 ………………… 大さじ1/2

B
| たまりしょうゆ …… 大さじ3
| 粗塩 ……………… 小さじ1/2

◎ 作り方

1 牛すね肉はひと口大に切り、下ゆでして（水から入れ、沸騰してから2分おく）、アクをよけて取り出し、水気をしっかりきる。

2 鍋に1の牛肉、Aを入れて火にかけ、煮立ったら弱火にし、ふたをして1時間煮る。

3 Bを入れてふたをし、さらに30〜40分煮る（汁が多く残ったら、強火で煮詰める）。火を止め、そのまま30分おいて味を含ませる。

牛肉のさっぱり煮
塩麹風味

塩麹の働きでやわらかくなった肉と、
まろやかな塩味のスープが美味です。
ねぎと一緒に食べて、体をしっかり温めましょう。

◎ 材料（作りやすい分量）

牛すね肉（かたまり）	400g
長ねぎ（斜めうす切り）	2本分
酒	大さじ2
水	1と1/2カップ
黒粒こしょう	30粒
塩麹	大さじ2

◎ 作り方

1 牛すね肉はひと口大に切り、下ゆでして（水から入れ、沸騰してから2分おく）、アクをよけて取り出し、水気をしっかりきる。

2 鍋に1の牛肉、酒、水、黒こしょうを入れて火にかける。煮立ったら弱火にし、ふたをして30分煮て、塩麹を加えてさらに40〜50分煮る。長ねぎを入れてふたをし、10分煮る。

ラムのトマト煮

水は加えません。トマトと玉ねぎの水分だけでラムを煮ます。素材同士がおたがいをおいしくしてくれるのが煮ものの醍醐味。野菜のおいしい水分で、ふっくらと煮えたラムのおいしさは格別です。

◎ 材料（作りやすい分量）

ラム煮込み用肉（かたまり）	400g
玉ねぎ（中）	1個
トマト（中）	2個
クミン（パウダー）	大さじ1/2
酒	1/2カップ
たまりしょうゆ	大さじ2
ペパーミント	1パック

◎ 作り方

1 ラム肉は大きめのひと口大に切り、下ゆでして（水から入れ、沸騰してから2分おく）、アクをよけて取り出し、水気をしっかりきる。

2 玉ねぎは4等分のくし形に切り、トマトは横半分に切る。

3 鍋に1と2を並べ（a）、クミン、酒を入れて火にかける。

4 煮立ったらふたをして弱火で40〜50分煮て、たまりしょうゆを入れ（b）、さらにふたをして20分煮る。火を止め、そのまま30分おいて味を含ませたら（c）、ミントをたっぷりのせる。

a 大ぶりに切ったトマトと玉ねぎから、おいしい水分とうまみが少しずつ抽出されてくる。

b しばらく煮て、素材同士のうまみが出たところで、たまりしょうゆを加える。

c トマトは煮くずれ、玉ねぎもトロトロに。おいしく仕上がった最終段階。

肉・卵

ラムチョップの塩クミン煮

ボリュームたっぷりのラムチョップも、
クミンの香りの塩煮でさっぱり食べられます。
ハーブと一緒に、さあ、手づかみでどうぞ！

◎ 材料（2〜3人分）

ラムチョップ	6本
紹興酒	1カップ
クミン（パウダー）	大さじ1/2
粗塩	小さじ1
イタリアンパセリ、セルフィーユなどのハーブ	適量

◎ 作り方

1 鍋にラムチョップを並べて火にかけ（油はひかない）、両面の色が変わるまで焼く。

2 1の鍋に紹興酒を入れて煮立たせたら弱火にし、ふたをして30分煮る。クミン、粗塩を入れてさらにふたをし、15分煮る。

3 器に盛り、ハーブを添える。

鶏肉じゃが

わが家の肉じゃがはフェンネルが香るやさしい味。
ポトフのような仕上がりですから、
玉ねぎ、にんじん、お肉、素材そのもののおいしさを味わって。

◎ 材料（2〜3人分）

鶏もも肉 ⋯⋯ 1枚（300g）
じゃがいも ⋯⋯⋯⋯ 2個
にんじん ⋯⋯⋯⋯⋯ 1本
玉ねぎ ⋯⋯⋯⋯⋯⋯ 1個
酒 ⋯⋯⋯⋯ 1/2カップ

水 ⋯⋯⋯⋯ 1/2カップ
粗塩 ⋯⋯⋯ 小さじ1/2
フェンネルシード
⋯⋯⋯⋯ 小さじ1
たまりしょうゆ
⋯⋯⋯⋯ 大さじ1

◎ 作り方

1 鶏もも肉は大きめのひと口大に切る。

2 じゃがいもは皮を除いて半分に切り、にんじんは皮を除いてひと口大の乱切りにする。玉ねぎは4等分のくし形に切る。

3 鍋に鶏肉の皮目を下にして入れて火にかけ、油が出たら2と酒、水を入れ、ふたをして10分煮る。

4 3の鍋にたまりしょうゆ、粗塩、フェンネルシードを加えてひと煮立ちしたら弱火にし、ふたをしてさらに10分煮る。

鶏肉は余計なすじを取り除き、サイズが揃うように切り分ける。

鶏肉の豆豉煮

ほろりと身離れするやわらかさ。
豆豉のうまみをまとった鶏肉のおいしさ、
ぷるんとした歯ざわりを楽しんでください。

◎ 材料（2〜3人分）

鶏手羽元 ……… 3本
鶏手羽先 ……… 3本
A｜ 酒 …… 2/3カップ
　｜ 水 …… 1/3カップ
　｜ 黒酢 …… 大さじ1/2
　｜ 豆豉 …… 20g

B｜ しょうが（うす切り）
　｜ …… 1かけ分
　｜ 長ねぎ（うす切り）… 1本分
　｜ 粗塩 …… 小さじ1/3
　｜ はちみつ …… 大さじ1

◎ 作り方

1 鶏手羽先は関節で先端と手羽中に切り分け、鶏
　手羽元と一緒に下ゆでして（水から入れ、沸騰して
　から2分おく）、アクをよけて取り出し、水気をし
　っかりきる。

2 鍋に1の鶏肉とAを入れて火にかけ、煮立った
　ら弱火にしてふたをし、15分煮る。

3 2の鍋にBを入れてふたをし、さらに15分煮る。

関節に包丁の刃をあて、押
して断ち切る。

鶏肉の紹興酒煮

父の大好物で、実家でよく食べたなつかしい味です。
紹興酒に黒砂糖を加えてこっくりまろやか。
甘栗は好きなだけ入れてくださいね。

◎ 材料（2〜3人分）

鶏もも肉	1枚	
甘栗	100g	

A

しょうが（うす切り）	1かけ分
長ねぎ（斜めぶつ切り）	10cm分
粗挽き黒こしょう	少々
紹興酒	1/2カップ
黒砂糖	大さじ1と1/2
黒酢	大さじ1/2
たまりしょうゆ	大さじ2

◎ 作り方

1 鶏もも肉は大きめのひと口大に切り、下ゆでして（水から入れ、沸騰してから2分おく）、アクをよけて取り出し、水気をしっかりきる。

2 鍋に1の鶏肉、Aを入れて火にかけ、煮立ったら弱火にし、ふたをして10分煮る。たまりしょうゆ、甘栗を入れてふたをし、さらに15分煮る。

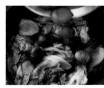

甘栗の甘味、うまみも煮ものにコクを与える。

大きな肉団子

中国語では四喜丸子。東西南北、全方位で喜ぶ団子という意味です。縁起のよいものだから、団子は大きく、拳ひとつくらい。大きく作っておけば、煮てもうまみを逃さず、肉団子自体がおいしく仕上がります。

◎ 材料（4人分）

鶏ももひき肉 ……………………… 350g

A
塩 …………………………… 小さじ1
粗挽き黒こしょう ……………… 少々
酒 …………………………… 大さじ1
たまりしょうゆ …………… 大さじ1/2
オイスターソース ………… 大さじ1/2
しょうが（みじん切り）…… 1かけ分
長ねぎ（みじん切り）…… 10cm分
生パン粉 …………………………… 20g
ごま油 ……………………… 小さじ1

青梗菜（たて半分に切る）
……………………………………… 2本
水 ………………………… 1と1/2カップ
粗塩 …………………………… 小さじ1/2

◎ 作り方

1 鶏ももひき肉にAの材料を順に加え、その都度よく箸で混ぜ合わせる（a）。4等分し、大きな肉団子にまとめる（b）。青梗菜は根元に包丁を入れ（c）、半分にさいておく。

2 鍋に水を入れ、煮立ったら肉団子を入れ（d）、ふたをして弱火で15分煮る（e）。

3 青梗菜を加えて（f）ふたをし、2分ほど煮たら、粗塩で味を調える。

a 調味料を入れるたびに箸でしっかり混ぜると、仕上がりのおいしさが違う。

b 中国では縁起ものでもある、おなかもしっかり満足する大きな肉団子。

c 根元に切り込みを入れてから、手でさくときれいに2つに分かれる。

d 沸騰した湯に肉団子を入れたら、崩れにくくするため湯をかけて表面を固めるようにする。

e ふたをして煮込むことで、大きな肉団子の中心にまでしっかり火が入る。

f すぐ火の通る青梗菜は時間差で加える。再びふたをして煮ること。

鶏ささみとレタスの さっと煮

忙しいときに助かるのがさっと煮です。
レタスはシャキシャキ、
温かいサラダのような感覚で食べられますよ。

◎ **材料**（2〜3人分）

鶏ささみ	4本
レタス	1個
A 粗挽き黒こしょう	小さじ1/3
粗塩	小さじ1/2
片栗粉	小さじ1
太白ごま油	大さじ1/2
酒	1/2カップ
オイスターソース	大さじ1/2

◎ **作り方**

1　鶏ささみは長さ半分に切り、Aを順にまぶす。

2　鍋に太白ごま油と1の鶏肉を入れて火にかけ、色が変わるまで両面を焼いて酒を加え、煮立ったら弱火にし、ふたをして6分煮る。

3　2の鍋にオイスターソースを加え、6等分のくし形に切ったレタスをのせて、ふたをしてさらに2分煮る。

レタスはくたくたにせず、シャキシャキ感が残るくらいに仕上げる。

鶏肉とたけのこの高菜漬け煮

春になるとよく作ってくれた母の得意料理です。
高菜漬けのうまみを鶏むね肉がたっぷり吸っておいしい。
なにしろごはんがすすむおかずです。

◎ 材料（2〜3人分）

鶏むね肉（皮なし）……… 1枚
ゆでたけのこ ……………… 100g
A｜粗挽き黒こしょう
　　　　　　　　……… 少々
　｜酒 ……………… 大さじ1
　｜片栗粉 ………… 小さじ1

B｜しょうが（みじん切り）…… 1かけ分
　｜長ねぎ（みじん切り）…… 10cm分
　｜にんにく（みじん切り）…… 1かけ分
　｜赤唐辛子（輪切り）…… 1〜2本分
高菜漬け（みじん切り）…… 100g
酒 …………………… 1カップ
太白ごま油 ………… 大さじ1

◎ 作り方

1 鶏むね肉は繊維に沿って1cm幅に切り、Aを順にまぶす。ゆでたけのこはうす切りにする。

2 鍋に太白ごま油とBを入れて火にかけ、香りが出たら、1の鶏肉を入れて絡めるように炒める。

3 2の鍋に、ゆでたけのこ、高菜漬け、酒を入れ、煮立ったらふたをして弱火で15分煮る。

むね肉の繊維をよく見て大きなブロックに切り分け、1cm幅に切る。

茶玉子

春夏秋冬、中国の街角では大鍋にぐらぐら煮た茶玉子が売られています。多民族国家、異なる宗教で食べられるものが違っても、卵なら誰もが食べられます。茶玉子は故郷を思い起こさせる味なのです。

◎ 材料（作りやすい量）

ゆで卵（固ゆで）	10個
水	3カップ
烏龍茶の茶葉（b）	10g
たまりしょうゆ	1/2カップ
塩	大さじ1/2

◎ 作り方

1 ゆで卵をまな板に軽く打ちつけ、殻全体にまんべんなくヒビを入れる（a）。

2 鍋に分量の水を沸かし、茶葉を入れて煮立たせたら（c）、たまりしょうゆ、塩を加えて混ぜ（d）、1のゆで卵を入れ、再び煮立ったら火を止める（e）。

3 ひと晩おいて味を含ませる（f）。

a 底のほうも忘れずしっかりヒビを入れる。

b 烏龍茶のほか、プーアール茶もおすすめ。

c 沸騰した湯に茶葉を入れ、煮立たせる。

d 茶葉としょうゆの香り、風味が味のベースに。

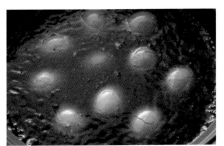

e 殻のヒビから少しずつ味がしみていく。

f 味のしみた茶玉子はおやつにも酒肴にも大活躍。

ぶりと長ねぎの煮もの

魚の煮ものは、身を固く煮しめないように短時間で仕上げることが大事です。
長ねぎから出たおいしい水分をたっぷり吸って、驚くほどふっくらジューシーな食べごこちですよ。

◎ 材料（2〜3人分）

ぶり（切り身）………	300g

A
粗挽き黒こしょう…	少々
粗塩…………	小さじ1/3
片栗粉………	小さじ1

合わせ調味料（混ぜ合わせる）
黒酢………………	大さじ1
たまりしょうゆ………	大さじ1
酒………………	大さじ3
しょうが（すりおろし）……	大さじ2
長ねぎ（うす切り）……………2本分	
太白ごま油……………	大さじ1

◎ 作り方

1 ぶりはひと口大に切り、Aを順にまぶす（a、b）。

2 鍋に太白ごま油と1を入れて火にかけ、ぶりの表面の色が変わるまで軽く焼く（c）。

3 合わせ調味料を入れて煮立たせたら弱火にし（d）、ふたをして6分煮る（e）。

4 長ねぎをのせて中火にし（f）、ふたをして3分煮る。

a 黒こしょう、粗塩をふって、ぶりにしっかり下味をつける。

b ぶりのすべての面に、味の接着剤となる片栗粉をまぶしつける。

c 油とぶりを入れてから火をつける。あまり触らず、身の周囲が白くなってから返す。

d ぶりの表面が焼けたら調味料を加え（あまりさらわない）、煮立たせてから弱火にする。

e 必ずふたをして蒸し煮にする。蒸気がぶりをやさしく加熱し、ふっくら仕上がる。

f 長ねぎをどっさり加え（のせるだけ、混ぜない）、再度ふたをして煮る。

白身魚の花椒風味煮

花椒がふんわり香る、やわらかな白身魚の煮もの。
今回は鮭を使いましたが、
白身ならどんな魚でも相性のいい味つけです。

◎ 材料（2〜3人分）

白身魚（生鮭）…… 300g（2〜3切れ）	えのき茸……………………… 100g
A　粗挽き黒こしょう…… 少々	オイスターソース…… 大さじ1
粗塩…………………… 少々	酒…………………… 1/2カップ
片栗粉…………… 小さじ1	花椒…………………………… 10粒
	粗塩………………………… 少々
	パセリ（みじん切り）… 大さじ2
	太白ごま油…………… 大さじ1

◎ 作り方

1 生鮭はひと口大に切り、Aを順にまぶす。

2 えのき茸は食べやすい長さに切る。

3 鍋に太白ごま油と花椒、1の生鮭を入れて火にかけ、両面の色が変わるまで軽く焼く。

4 酒を入れて絡めたらオイスターソースを入れ、2のえのき茸をのせる。煮立ったら弱火にし、ふたをして10分煮る。粗塩で味を調え、パセリを散らす。

白身魚と高菜漬けの煮もの

父の故郷、江南地方の定番料理です。
淡白な白身魚も高菜漬けのうまみをまとって、コクのある煮ものに。
残った高菜をごはんにかけて食べてもおいしい。

◎ 材料（2～3人分）

白身魚（かじきまぐろ）	………	300g
A	粗挽き黒こしょう	少々
	粗塩	少々
	片栗粉	小さじ1
高菜漬け（みじん切り）	………	100g
長ねぎ（うす切り）	……	10cm分
酒	………	1/2カップ
太白ごま油	………	大さじ1
ごま油	………	小さじ1

◎ 作り方

1 かじきまぐろはひと口大に切り、Aを順にまぶす。

2 鍋に太白ごま油と長ねぎを入れて火にかけ、香りが出たら1のかじきまぐろを入れ、表面の色が変わるまで焼く。

3 酒を加え、高菜漬けをのせて煮立たせてから、弱火にしてふたをし、8～10分煮る。ごま油で香りをつける。

冬瓜と干し貝柱の煮もの

うっすら緑が透きとおる冬瓜は目にもごちそう。体の余計な水分を出してくれる働きがあるので、
むくみが気になる時にもおすすめ。野菜の力を借りて体調を整えましょう。

◎ 材料（2〜3人分）

冬瓜	500g	粗塩	小さじ1/2
干し貝柱	5〜7個	粗挽き黒こしょう	少々
酒	大さじ1	ごま油	小さじ1
水	1/2カップ	みょうが（うす切り）	1個分
太白ごま油	大さじ1		

◎ 作り方

1 干し貝柱はひたひたの水につけて、ひと晩おいて戻す（a）。

2 冬瓜は皮と種を除き、大きめのひと口大に切る（b,c）。

3 炒め鍋に太白ごま油を熱し、2の冬瓜を入れて油がなじむように
炒め（d）、酒を入れ、1の干し貝柱を加えて炒め合わせる。

4 分量の水を加え、煮立ったらふたをして、弱火で15分煮る（e）。
冬瓜に透明感が出たら粗塩で味を調え、ごま油と黒こしょうで香
りをつけて（f）火を止め、みょうがをのせてふたをし、10分おく。

a 残り水がないくらいの水分量で戻すのが理想的。

b スプーンを使うときれいにくり抜ける。

c 皮は薄く削り取る。全体が薄い翡翠色に。

d 先に炒めて油のうまみをまとわせる。

e 貝柱をほぐし入れ、軽く炒めて水分を加える。

f 冬瓜に透明感が出たら、煮えてきた合図。

野菜

なすのうまみ煮

中国料理の定番、魚香茄子。かつて、中国内陸の人にとって
魚は憧れの美味で、「魚香」とはそうしたおいしさを表現する言葉。
この煮もののおいしさを想像させるネーミングです。

◎ 材料（2〜3人分）

なす	4本
黒きくらげ（乾物）	10g

A
しょうが（みじん切り）	2かけ分
にんにく（みじん切り）	2かけ分
長ねぎ（みじん切り）	10cm分
赤唐辛子（輪切り）	2〜3本分

合わせ調味料（混ぜ合わせる）
たまりしょうゆ	大さじ1
みそ	大さじ1
酒	大さじ2
水	2/3カップ

太白ごま油	大さじ2
片栗粉	小さじ1（水大さじ1で溶く）
香菜（みじん切り）	1本分

◎ 作り方

1 黒きくらげは水につけて戻し、石づきを除いてきれいに洗い、水気をきる。食べやすい大きさに切る。

2 なすの皮をピーラーで縞に除き、縦半分に切る。

3 鍋に太白ごま油、Aを入れて火にかけ、香りが出たら、2のなすを入れて絡めるように炒める。

4 合わせ調味料を入れて煮立たせたら、弱火にしてふたをし、8分煮る。1のきくらげを入れてふたをして5分煮て、水溶き片栗粉でうまみを閉じ、香菜をふる。

トマトとかぼちゃの煮もの

ほんの少しのお酒とトマトの水分で煮るだけ。
うまみをたっぷり吸ったかぼちゃのおいしさにびっくりします。
これも素材同士のおいしい出合いですね。

◎ 材料（2〜3人分）

トマト	中1個（約150g）
かぼちゃ	1/4個（250g）
酒	大さじ3
粗塩	小さじ1/2
黒粒こしょう	10粒（たたきつぶす）
太白ごま油	大さじ1と1/2

◎ 作り方

1 トマトは、横に2等分する。

2 かぼちゃは種と皮を除き、ひと口大に切り分ける。

3 炒め鍋に太白ごま油を熱し、2のかぼちゃを入れて油をなじませたら、1のトマトも入れ、酒を加えてふたをし、弱火で7〜8分煮る。粗塩、黒こしょうで味を調える。

ごぼうとにんじんの
オイスターソース煮

根菜の煮ものは黒砂糖でコクを少しプラスして。
くるみの歯ごたえも楽しく、
汁気が少ないのでお弁当にもぴったりのおかず。

◎ 材料（2〜3人分）

ごぼう ーーーー 1〜2本（150g）	粗塩 ーーーー 小さじ1/3
にんじん ーーーーーーー 1本	炒りくるみ ーーーー 15g
にんにく ーーーーーー 1かけ	太白ごま油
A｜酒 ーーーーーー 大さじ2	ーーーー 大さじ1と1/2
｜黒砂糖 ーーーーー 大さじ1	
｜酢 ーーーーーーー 小さじ1	
｜オイスターソース ー 大さじ1	
｜水 ーーーーーーー 1/2カップ	

◎ 作り方

1 ごぼうは皮を除き、ポリ袋に入れてたたきつぶし、
3cm長さに切る。にんじんは斜め乱切りにする。

2 炒め鍋に太白ごま油とたたいてつぶしたにんにくを
入れて火にかけ、香りが立ったら、1のごぼうとに
んじんを入れ、油となじむように炒める。

3 Aを順に加えて煮立たせたら弱火にし、ふたをして
15分煮る。粗塩で味を調え、くるみを散らす。

ごぼうは味がしみやすくな
るよう、ポリ袋に入れ、麺
棒などでたたく。

里芋のねぎ油煮

中国の家庭の味といえばこの煮もの。
スッと箸が入るほどやわらかく煮た里芋をほおばれば、
ねぎ油のうまみと香りが広がって、幸せの味です。

◎ 材料（2～3人分）

里芋	大3個（小5個でも）
酒	大さじ2
水	2/3カップ
粗塩	小さじ1/3
太白ごま油	大さじ1
長ねぎ（うす切り）	10cm分
万能ねぎ	4～5本

◎ 作り方

1 里芋の皮を除き縦半分に切る。

2 鍋に太白ごま油、長ねぎを入れ、火にかけて香りが出るまで炒める。1の里芋を入れて油をなじませる。

3 酒、水を加えて煮立たせたら弱火にし、ふたをして20分、やわらかくなるまで煮る。粗塩で味を調える。

4 万能ねぎに熱湯をかけて5cm長さに切り、器に盛った里芋にのせる。

万能ねぎは熱湯をかけて青臭さを消し、香りを立たせる。

じゃがいもの
ごままぶし

フレンチフライよりおいしいかも？
ごまの風味と塩味があとを引くじゃがいも料理。
小腹が空いたときのおやつとしてもおすすめ。

◎ 材料（2〜3人分）

じゃがいも（男しゃく）‥‥‥‥	2個
水‥‥‥‥‥‥‥‥‥‥‥	1/3カップ
すりごま（白）‥‥‥‥‥	大さじ2
粗塩‥‥‥‥‥‥‥‥‥	小さじ1/3
太白ごま油‥‥‥‥‥‥	大さじ1

◎ 作り方

1 じゃがいもは皮を除き、1cmのくし形に切る。

2 鍋に太白ごま油、1のじゃがいもを入れて火にかけ、油をなじませる。

3 2の鍋に水を加えて煮立たせたら弱火にし、ふたをして5〜6分煮る。やわらかくなり、水分がなくなったら、すりごまを入れて全体にまぶし、粗塩をふる。

かぼちゃの黒ごま煮

ねっとりとした黒練りごまの風味が
かぼちゃの甘さを引き立てて。
お酒にも合う、濃厚な味わいのひと皿。

◎ 材料（2〜3人分）

かぼちゃ	1/4個
水	1/3カップ
粗塩	小さじ1/2
練りごま（黒）	大さじ2
太白ごま油	大さじ1

◎ 作り方

1 かぼちゃの種と皮を除いて、ひと口大に切る。

2 鍋に太白ごま油、1のかぼちゃを入れて火にかけ、油をなじませる。

3 2の鍋に水を加えて煮立たせたら弱火にし、ふたをして10分煮る。やわらかくなり、水分がなくなったら、練りごまを流し入れ、粗塩をふる。

野菜

豆腐のうまみ煮

シンプルな豆腐がいろいろなうまみを吸って複雑なおいしさになりました。
家にいつもある材料で作る、その名も「家常豆腐」という家庭料理です。

◎ 材料（2〜3人分）

木綿豆腐	1丁（300g）
黒きくらげ（乾物）	10g
ピーマン	2個

合わせ調味料

豆板醤	小さじ1
黒酢	大さじ1/2
酒	大さじ2
粗挽き黒こしょう	少々
たまりしょうゆ	大さじ1
水	1/2カップ

にんにく	1かけ
片栗粉	大さじ1/2
太白ごま油	大さじ2

◎ 作り方

1 黒きくらげは水（分量外）につけてひと晩おいて戻し（a）、石づきを除き、洗って水気をきる。ピーマンは種を除いて4等分のくし形に切る。

2 豆腐は4等分に切って水きりし、片栗粉をまぶす（b）。

3 炒め鍋に太白ごま油を入れて火にかけ、香りが出たら、2の豆腐のすべての面を軽く焼く（c）。

4 たたいてつぶしたにんにく、1のきくらげ、合わせ調味料を入れる（d）。煮立たせたら弱火にし、ふたをして10分煮て（e）、ピーマンを加えてふたをし、5分煮る（f）。

a きくらげは水をたっぷり吸って、全体がぷるんぷるんになるまで戻す。

b 片栗粉が、調味料をうまく吸わせるための接着剤のような働きをする。

c 豆腐自体も香ばしくなるよう、ほんのり焼き目がつくらい焼く。

d 豆腐の中央あたりに、にんにく、きくらげを入れ、調味料を注ぐだけ。混ぜなくてよい。

e 調味料が沸騰したら、ふたをして煮る。蒸し煮された豆腐が透明感を増し、ふっくら。

f やわらかくなりすぎないよう、時間差でピーマンを加える。

大豆製品・乾物

麻婆豆腐

麻婆豆腐の味の決め手は、最後にふたをしてぐつぐつと煮込むこと。
豆腐に味がしみこんで、素材と調味料の一体感が増します。
わが家でも繰り返し作る、麻婆豆腐の決定版です。

◎ 材料（2人分）

木綿豆腐 ……… 1丁（300g）	花椒（粒）…… 小さじ1/3
牛うす切り肉 ……… 50g	酒 ………… 大さじ1
万能ねぎ（小口切り）… 3本分	鶏ガラスープ
粗挽き唐辛子 … 大さじ1	……… 1/2カップ
豆豉（粗く刻む）… 20g	片栗粉（水大さじ1で溶く）
たまりしょうゆ	……… 小さじ1
……… 大さじ1	太白ごま油 … 大さじ1

◎ 作り方

1 花椒は炒め鍋で乾煎りしてから、すり鉢ですりつぶす。豆腐は2cm角に切り、ざるにのせて30分おいて水きりをする。牛うす切り肉は粗く刻む。

2 炒め鍋に太白ごま油を入れて中火にかけ、1の牛肉を入れて色が変わるまで炒める。

3 酒を加えて炒め、水分がとんだら中央を空けて粗挽き唐辛子を入れて加熱し、豆豉を入れて炒め、香りが立ったら全体に絡め、たまりしょうゆを加える。1の豆腐を加え、崩さないように味を絡める。

4 鶏ガラスープを加え、煮立ったら弱火にし、ふたをして10分煮る。水溶き片栗粉を加えてとろみをつけ、万能ねぎを加えて器に盛り、1の花椒をふる。

せん切りキャベツと厚揚げのさっと煮

ボリュームが出るように大きく切った厚揚げとせん切りキャベツ。
酒で蒸し煮にしたら、ふたつの味がしっかりなじんで
ふっくらジューシー、やさしい味に仕上がります。

◎ 材料（2〜3人分）

キャベツ	200g	酒	大さじ3
厚揚げ	1枚	粗塩	小さじ1/2
A 粗挽き黒こしょう	少々	太白ごま油	大さじ1
粗塩	1つまみ	黒粒こしょう（たたきつぶす）	
片栗粉	小さじ1		10粒

◎ 作り方

1 キャベツはせん切りにする。

2 厚揚げは4等分に切り、Aを順にまぶす。

3 炒め鍋に太白ごま油、2の厚揚げを入れて中火にかけ、表面に焼き色をつけたら1のキャベツをのせて酒をまわし入れ、ふたをして弱火で5分蒸し煮する。

4 粗塩で味をつけ、黒こしょうで香りをつける。

大豆製品・乾物

大豆ミートと
ししとうの煮もの

ずいぶん身近になってきた植物性たんぱく質の大豆ミート。
野菜と一緒に煮てもおいしく仕上がります。
下味のついたタイプは、味つけを気持ち控えめに。

◎ 材料（2〜3人分）

大豆ミート（うす切りタイプ）
……………………………80g
ししとう……………12本
酒………………………大さじ2
水………………………2/3カップ

オイスターソース
…………………………大さじ1
花椒…………………10粒
太白ごま油…大さじ1
ごま油………小さじ1

◎ 作り方

1 ししとうのへたを除き、フォークで穴を数カ所あけておく。

2 鍋に太白ごま油、花椒を入れて火にかけ、香りが出たら、大豆ミートを入れて炒め合わせ、酒、水、オイスターソースを入れる。

3 煮立ったら弱火にし、ふたをして10分煮て、1のししとうを加えてさらに5分煮る。ごま油で香りをつける。

うす切りで下味のついたす
ぐ使えるタイプ。気軽に植
物性たんぱく質がとれる。

大豆ミートと
いんげんの煮もの

豚肉そぼろといんげんは王道の組み合わせ。
そぼろを粒タイプの大豆ミートに置き換えたら、
よりヘルシーに食べられます。

◎ 材料（2～3人分）

大豆ミート（粒タイプ）…… 80g
いんげん …………………… 100g
A 長ねぎ（うす切り）… 10cm分
　 しょうが（みじん切り）
　 ……………………… 1かけ分
　 にんにく（みじん切り）
　 ……………………… 1かけ分
　 赤唐辛子（輪切り）…… 2本
酒 ………………… 大さじ2
たまりしょうゆ
　 ………………… 大さじ1
水 ………………… 2/3カップ
粗塩 ……………… 小さじ1/4
太白ごま油 …… 大さじ1
粗挽き黒こしょう
　 ………………………… 少々

◎ 作り方

1 いんげんはすじを除き、5mm幅に切る。

2 鍋に太白ごま油、Aを入れて火にかけ、香りが出たら、大豆ミートを入れて炒め合わせて、酒、水、たまりしょうゆを入れる。煮立たせたら弱火にしてふたをして8分煮る。

3 2の鍋に1のいんげんを入れさらに5分煮て、粗塩、黒こしょうで味を調える。

そのまま使えて便利な粒状の大豆ミート。そぼろ風で味も食感も満足感あり。

中国湯葉と白菜の煮もの

きくらげ同様、常備しておくと便利なのが中国湯葉。
野菜と一緒に炊き合わせると、
うまみを吸って、とてもおいしくなります。

◎ 材料（2〜3人分）

中国湯葉（乾物）………………… 50g
白菜……………………………… 200g
しょうが（せん切り）…… 1かけ分
長ねぎ（うす切り）……… 10cm分
合わせ調味料
 みそ ……………… 大さじ1と1/2
 水 …………………… 2/3カップ
太白ごま油………………… 大さじ1

◎ 作り方

1 湯葉は水につけてひと晩おいて戻し、水気をきり、5cm長さに切る。

2 白菜は繊維を断ち切るように8mm幅ほどのうす切りにする。

3 炒め鍋に太白ごま油、しょうが、長ねぎを入れて火にかけ、香りが出たら1の湯葉と合わせ調味料を入れ、煮立たせる。

4 2の白菜をのせたら弱火にし、ふたをして15分煮る。

日本の湯葉より肉厚な中国湯葉。食べごたえがあります。

中国湯葉と
しいたけの煮もの

豆苗のシャキシャキ感がアクセントになって、
飽きのこないヘルシーな煮ものに。
水分も少ないのでお弁当に入れてもいいですね。

◎ 材料（2～3人分）

中国湯葉（乾物）……50g	粗塩…………ひとつまみ
生しいたけ…………4枚	粗挽き黒こしょう
たまりしょうゆ	…………小さじ1/4
…………大さじ1	豆苗……………1袋
黒酢………小さじ1	
水…………1カップ	
太白ごま油…大さじ1	

◎ 作り方

1 湯葉は水につけてひと晩おいて戻し、水気をきり、せん切りにする。

2 生しいたけは軸を除き、せん切りにする。豆苗は5～6cm長さに切る。

3 鍋に太白ごま油、2の生しいたけを入れて火にかける。

4 香りが出たら、1の湯葉を入れて、たまりしょうゆ、黒酢、水を加える。煮立ったら弱火にしてふたをし、8分煮て、豆苗を入れ、ふたをして2分煮る。粗塩、黒こしょうで味を調える。

戻した湯葉を斜めにせん切りにしていく。

紫花豆の八角風味煮

中国では豆を甘く煮ることはほとんどありません。
ほんのり塩味、八角の風味がさわやかな花豆は
お茶請けにもぴったりです。

◎ 材料（作りやすい分量）

紫花豆（乾物）	200g
八角	2個
水	4カップ
粗塩	大さじ1/2
ごま油	大さじ1

◎ 作り方

1 紫花豆はたっぷりの水につけ、丸一日ほどおいて、しわがなくなるまでゆっくり戻し、水気をきる。

2 鍋に1の紫花豆、水、八角を入れて火にかける。煮立ったら弱火にしてふたをし、30分煮る。火を止めて、そのまま1時間おき、またふたをして弱火で30分煮る。

3 粗塩で調味し、ごま油で香りをつける。

丸一日経ってもしわが残っているようだったら、もう数時間おく。

白花豆の花椒風味煮

こちらは花椒の香りが鼻をくすぐる白花豆。
クコの実を添えるとぐっとはなやかになります。
豆は体にいいので意識してとりたいですね。

◎ 材料（作りやすい分量）

白花豆（乾物）	200g
花椒	20粒
水	4カップ
粗塩	大さじ1/2
ごま油	大さじ1
クコの実	大さじ1

◎ 作り方

1 白花豆はたっぷりの水につけ、丸一日ほどおいて、しわがなくなるまでゆっくり戻し、水気をきる。

2 鍋に1の白花豆、水、花椒を入れて火にかける。煮立ったら弱火にしてふたをし、30分煮る。火を止めて、そのまま1時間おき、またふたをして弱火で30分煮る。

3 粗塩で調味し、ごま油で香りをつける。クコの実を散らす。

美しい白花豆。しっかり戻して煮ることで絶妙な歯ざわりの煮豆に仕上がる。

◎ あえもの

ウー・ウェン

中国・北京生まれ。1990年に来日。
料理家、ウー・ウェンクッキングサロン主宰。
医食同源が根づいた中国の家庭料理とともに
中国の暮らしや文化を伝えている。
主な著書『ウー・ウェンの100gで作る北京小麦粉料理』
『ウー・ウェンの北京小麦粉料理』
『大好きな炒めもの』『ウー・ウェンの炒めもの』（いずれも高橋書店）、
『料理の意味とその手立て』（タブレ）、
『本当に大事なことはほんの少し』（大和書房）など。

ウー・ウェンクッキングサロンHP
https://cookingsalon.jp/

公式インスタグラム
https://www.instagram.com/wuwen_cookingsalon/

アート・ディレクション、デザイン　関　宙明（ミスター・ユニバース）
写真　広瀬貴子
スタイリング　伊藤まさこ
編集　太田祐子（タブレ）
プリンティング・ディレクター　金子雅一（凸版印刷）
企画・プロデュース　高橋インターナショナル

撮影
協力　内田鋼一
BANKO archive design museum
http://banko-a-museum.com/top/index.html

ウー・ウェンの 煮もの あえもの

著　者　ウー・ウェン
発行者　高橋秀雄
発行所　株式会社 高橋書店
〒170-6014　東京都豊島区東池袋3-1-1
サンシャイン60 14階
電話　03-5957-7103

ISBN 978-4-471-40888-6
© WU Wen Printed in Japan

● 定価はカバーに表示してあります。
● 本書および本書の付属物の内容を許可なく転載することを禁じます。
● また、本書および本書の付属物の無断複写（コピー、スキャン、デジタル化等）、複製
物の譲渡および配信は著作権法上での例外を除き禁止されています。
● 本書の内容についてのご質問は「書名、質問事項（ページ、内容）、お客様の
ご連絡先」を明記のうえ、郵送、FAX、ホームページお問い合わせフォー
ムからお送りください。
● 回答にはお時間をいただく場合がございます。また、電話によるお問い合わ
せ、本書の内容を超えたご質問にはお答えできませんので、ご了承くださ
い。
● 本書に関する正誤等の情報は、小社ホームページもご参照ください。

《内容についての問い合わせ先》
書面　〒170-6014
東京都豊島区東池袋3-1-1 サンシャイン60 14階
高橋書店編集部　FAX 03-5957-7079
メール 小社ホームページお問い合わせフォームから
（https://www.takahashishoten.co.jp/）

《不良品についての問い合わせ先》
ページの順序間違い・抜けなど物理的欠陥がございましたら、
電話 03-5957-7076 へお問い合わせください。
ただし、古書店等で購入・入手された商品の交換には一切応じられません。